走近

陈论道

谈思嘉　郭雅静　著
罗希贤　董林祥　绘

文汇出版社

图书在版编目（ＣＩＰ）数据

走近陈望道 / 谈思嘉，郭雅静著；罗希贤，董林祥
绘 . -- 上海：文汇出版社，2024.8 -- ISBN 978-7
-5496-4305-9

Ⅰ．K825.46

中国国家版本图书馆 CIP 数据核字第 2024EC1036 号

走近陈望道

作　　者 / 谈思嘉　郭雅静

绘　　画 / 罗希贤　董林祥

责任编辑 / 戴　铮

装帧设计 / 罗　一

出版发行： 文匯出版社

　　　　　　上海市威海路755号

　　　　　　（邮政编码200041）

经　　销：全国新华书店

印刷装订：上海颛辉印刷厂有限公司

版　　次：2024年8月第1版

印　　次：2024年8月第1次印刷

开　　本：787x1092　1/16

字　　数：160 千字

印　　张：16.25

书　　号：ISBN 978-7-5496-4305-9

定　　价：68.00元

谨以本书献礼复旦大学建校 120 周年校庆

感谢中共义乌市委宣传部、复旦大学义乌研究院
资助本书出版

序

　　日往月来，时移世易，在复旦大学百廿峥嵘岁月中，陈望道已然成为一个符号，成为一代代复旦人心目中永恒的"老校长"和精神导师。回望陈望道的传奇一生，在 20 世纪中国的革命史、教育史、学术史上都书写了浓墨重彩的篇章，他的一生是追求真理、坚定信念的一生，是不畏艰险、英勇斗争的一生，是勤学笃行、严谨治学的一生，是乐教爱生、甘于奉献的一生。

　　陈望道生于民族倾颓之时，长于国家危难之际，早年求学东瀛，初识马克思主义之精髓。五四运动后积极投身新文化运动，以笔为剑苦译《共产党宣言》中文全译本，铸就"信仰之源"，如暗夜中的火炬照亮了中国革命之前路，激励、培育了无数先进分子投身革命，也为自己提供了源源不竭的奋斗动力。

　　作为一名革命家，望老积极参与中国共产党的发起创建，坚持为党的事业鞠躬尽瘁，在党的领导下为民族独立和人民解放、为社会主义革命和建设奋斗不息。

　　作为一名教育家，望老一生情系复旦，是新中国成立后复旦大学首任校长，其间着眼高等教育发展实际，矢志推进教育改革工作，植下了为人治学的宝贵精神和优良传统，为把复旦建设成为全国知名的重点大学建立了卓著功勋。

作为一名语言学家，望老在文法、修辞研究中作出了开创性、引领性的贡献，创立了第一个现代意义上的修辞学理论体系，在美学、逻辑学、翻译等领域也有独到的造诣，为后世留下了丰富宝贵的学术遗产。

党的十八大以来，习近平总书记多次深情讲述"真理的味道非常甜"的故事，让陈望道首译《共产党宣言》中文全译本成为家喻户晓、耳熟能详的党史故事。陈望道研究也随之迅速发展起来，新史料、新档案不断涌现，新研究、新成果相继迭出。复旦大学牢记习近平总书记的谆谆嘱托，自 2018 年 5 月起，修葺一新的陈望道旧居作为《共产党宣言》展示馆，向络绎前来的人们讲述着望老坚定信仰、传播真理的故事；2020 年，学校成立并实体化运行望道研究院，整合力量汇编《陈望道文存全编》（12 卷）、《陈望道手稿集》，出版《信仰之源 真理之光》论文集、《〈共产党宣言〉与陈望道研究论丛》等，在传承宣言精神、赓续红色基因、深化陈望道研究等方面开展了富有成效的探索，成为红色文化研究弘扬的重要平台。

陈望道老校长种下了复旦大学的红色基因，当代复旦人理应肩负起发扬光大的重任。望道研究院青年教师谈思嘉老师领衔编著的《走近陈望道》一书，基于对陈望道相关史料和大量文献的深入研读和梳理，在充分吸收党史学界最新研究成果的基础上，以时间为序、以事件为轴，通过 40 个章节的文字铺陈，辅以惟妙惟肖的工笔描绘，勾勒出陈望道的非凡生命历程中的若干闪耀瞬间，使其对党的事业无比忠诚、对教育事业无比热爱、对学术研究无比投入的光辉形象更为可感、可敬、可亲。全书考证严谨，文字平实流畅，透过墨香仿佛让读者穿越时空，与望老展开一次心灵对话。

追望大道，信仰恒在。衷心希望《走近陈望道》的顺利出版，能让"真理的味道"传播得更深远，让信仰的力量凝聚得更强劲，不断激励新时代的奋斗者们为全面建设社会主义现代化国家、以中国式现代化全面推进中华民族伟大复兴的宏伟蓝图而不懈奋斗！

是为序。

复旦大学原党委书记、望道研究院理事长
2024 年 3 月 16 日

目录

山塘人家

　　1892 年 1 月 18 日，陈望道出生于浙江省义乌县分水塘村。父亲耕读传家的垂范，母亲宽厚善良的引导，家境殷实富足的支持，故乡良好民风的陶冶，诸多因素潜移默化地影响着陈望道的成长。

陈望道原名陈明融①，又名陈参一，字任重。1892年1月18日②，光绪十七年腊月初九日，出生于浙江省义乌县分水塘村。

义乌，位于浙江金华东北部，地处金衢盆地东缘。历史悠久的古镇，山川灵秀的风光，名扬四海的商帮，都是义乌自古以来闪亮的名片。在这片宝地先后诞生了"边塞诗祖"骆宾王，抗金名将宗泽，以及"滋阴大家"朱丹溪等历史名人，也在现代谱写了从"鸡毛换糖"到"世界小商品之都"的致富传奇。

在义乌西北部的大峰山、大草坪脚下，距离县城约20公里处，坐落着一个占地仅15亩的小村庄。据传，因村边有一个不大的水塘，水源从两边分流开去，西北一路汇入浦江县境，东南一路则滋养着乌伤③大地，故得名"分水塘村"。分水塘村地势险要，被群山环抱，风过之地竹林簌簌，水流之处清溪潺潺，山水相依宛如世外桃源。

分水塘村虽属山区，却并不闭塞，占据着得天独厚的交通优势。整个村庄有一条山道南北可出，西通浦江、诸暨，东达金华、兰溪，自古以来就是通衢大道。抗日战争期间，金衢各县沦陷，铁路、公路均受日伪控制，这条通道便成为抗日武装后勤补给的交通要道。分水塘村还是革命老区，曾是中国共产党领导创建的金（华）义（乌）

---

①据陈氏宗谱记载，陈望道是"明"字辈，原名陈明融，他的两个弟弟分别叫陈明䎬、陈明翮，还有两个妹妹叫陈漱白、陈漱青。子女的名字反映了陈氏家族所从事的染料生意。融是指染料时蓝草叶子跟灰融合在一起。䎬是指染料靛青是在木桶里面加工而成。翮是指陈家做染料生意跟羽毛一样透明。漱白是指未染色的手工土布是白色的。漱青是指白色的土布经靛青染色后变成青色。

②陈光磊据《义乌色里分水陈氏宗谱》考订，认为陈望道生年应为1892年1月8日。参见陈光磊：《陈望道生年考订》，《文汇报》2022年9月26日。

③义乌古称"乌伤"，秦王嬴政二十五年（公元前222年）置乌伤县，属会稽郡。唐武德七年（624年）改称"义乌"。

浦（江）兰（溪）抗日根据地中心区域。革命战争年代，分水塘村村民在反外侮、争解放的斗争中做出过重要贡献。

分水塘村村民自古就有着勤耕好学、刚正勇为的良好品质。清代以来，村民们开始大面积种植蓼蓝这种既可入药又可作染料的草本植物，用蓼蓝叶加工生产出的靛青这种染料，受到市场青睐，多向无锡等地出售。当地经济生产相当活跃，物质生活较为丰富，村外的文明风尚也随之传入。这种勤奋进取、务实创新的民风，浸润着世代分水塘人，滋养了包括陈望道在内的许多在中国历史上留下浓墨重彩篇章的杰出人物。

陈望道的祖父陈孟坡，以务农为生，兼营染坊。除了种植蓼蓝以制作靛青，还销售用于染青土布的染料。当时，许多靛农因加工不善，几至破产，而陈孟坡因工艺独到，邻近的靛农都将种植的蓼蓝投售给他。陈家也因此发家，逐渐积累了一些资产。

陈望道的父亲陈君元，号菊笙，因生于重阳节，又名重阳。陈君元早年考过秀才，算得上是一位知识渊博的乡绅，在当地享有一定名望，被尊称为"重阳伯"。陈孟坡本是陈君元的伯父，由于膝下无子，便将陈君元过继给自己。陈孟坡去世后，陈君元勤勉务农，同时继续兼营着靛青制售，将父辈经营的生意一步步壮大。经过两代人辛勤劳作和积累，陈家的日子越发红火起来，成为当地比较富庶的家庭。

1909 年（清宣统元年），陈家新居建成，位于分水塘村后部，为院落式庭院建筑。整体坐北朝南，拥有五间正室，左右两侧各有两间厢房。正室前檐下设有一个天井，南面的山墙则是一字形的照壁。明间设有石库大门，前有一个小花园，园中小路用鹅卵石铺设而成，四面都围有围墙，南面则有一扇单间屋宇式的院门。二楼是穿斗式结构，前檐下设有槛窗。西厢房的西侧还有一间柴房，也就是后来陈望道翻译《共产党宣言》的地方。如今，这座建筑虽经过多次修缮，但基本格局未曾改变，足以一窥陈家当时的风光。

如果说父辈为陈望道健康成长奠定了良好的物质基础，陈望道的母亲则是在为人处世上对他循循善诱，为陈望道的性格奠定了温良的底色。陈望道的母亲张翠婠，为人温和，乐善好施，受到乡邻尊重，逢年过节或是遇上荒年，她总要慷慨解囊，接济乡邻渡过难关。张翠婠虽是地道的农家女子，但其教育理念却是十分超前的。与她温良的性格相一致，她厌恶棍棒教育，绝不打骂儿女，也不认同别人责打孩童。由于父亲早逝，在陈望道五兄妹的心目中，母亲便代表着仁爱与威严，对母亲有着极深的感情。陈望道曾在1921年写就的《记忆》一文中这样回忆母亲："这时我底记忆里，突然现出了个慈爱的女性底容光，手里拿着一包手制的点心。面上满幕着快慰，勤勉与担忧。伊走到我底面前，并无言说，只是怅惘地站着，不转瞬地瞪视我。那是何等不可量测的深厚呵！沉浸了，连平日时常喊的'母亲'两字都喊不出来了。"[①]由此可见，陈望道与母亲的情谊之深。

父亲耕读传家的垂范，母亲宽厚善良的引导，家境殷实富足的支持，故乡良好民风的陶冶……诸多因素都潜移默化地影响着陈望道最终走上追求真理、探求大道的行路。尽管他后来走出了分水塘村，但这里始终是他心灵的归宿。他一直惦记着义乌和家乡人民。1964年，陈望道经与村公社、大队负责同志商定，将房屋六间作

[①]陈望道：《记忆》，焦扬主编：《陈望道文存全编》第8卷，复旦大学出版社2021年版，第175页。

为当地党团或文教之用，并自愿承担四百元修理费用①，同时向义乌县领导提了三点心愿，希望义乌人早日实现"耕田不用牛，点灯不用油，老百姓到县城不用走"②；1973 年至 1974 年间，村里几个知青按照村革委会的要求，利用农机厂开发生产心脏起搏器。由于知识和技术水平所限，未能顺利推进，于是找到陈望道请求帮忙。陈望道二话不说派人前来村里开展技术辅导，并把村里的几个知青骨干接到复旦大学培训③，解决燃眉之急。

如今，分水塘村面貌一新，不仅保留了陈望道故居等历史遗迹，还专门修建了望道展览馆，成为义乌文旅的亮眼招牌和著名的红色教育基地。每年都有大批游客慕名前来，踏上"信仰之路"，寻访"红色印迹"，品味"真理之甘"，追寻这位伟大的马克思主义者的成长历程和思想轨迹。

---

①陈望道：《致李文钊、张立刚》，焦扬主编：《陈望道文存全编》第 8 卷，复旦大学出版社 2021 年版，第 310 页。
②参见陈有祥口述、戴维整理：《我的大伯陈望道》，《杭州日报》，2020 年 7 月 7 日。
③参见陶诚华：《陈望道：马克思主义信仰的传播者、坚守者与实践者》，《百年潮》2019 年第 3 期。

学文习武

无益身心事莫为

有关家国书常读

　　陈望道父母虽是地道农民，但受清末维新思想影响，颇为重视子女教育。自6岁起，陈望道便开始在私塾接受儒家经典的启蒙，跟随拳师学习拳法，表现得出类拔萃。15岁时，陈望道进入义乌县城绣湖书院学习，开始对现代科学知识产生兴趣，这里也成为他的西学启蒙之地。

陈望道的父母虽然都是地地道道的农民，但受到清末维新思想影响，颇能顺应时代潮流，重视对下一代的教育。陈望道曾回忆："我在当地，也算是一等家庭的子弟，我家的规矩在当地一切的家庭之中，又算是最严的。"①父亲陈君元对陈望道兄妹的管束最为严厉。他一方面督促子女要知书达理，常常告诫他们："书读在肚里，大水冲不去，火烧烧不掉，强盗小偷也拿不走，无论走到哪里都管用。"②这番质朴的话语倒是与苏轼《读书歌》里的"日里不怕人来借，夜间不怕贼来偷"有着异曲同工之妙。另一方面，他也时常教导子女们勿忘劳动人民本色，要求他们在课余必须坚持参加田间劳作。因为，他认为："若不参加农业劳动，就连粮食是从天上掉下来还是地里长出来这样一个简单的道理都不懂。"③这段在农村的半耕半读生活，给陈望道的童年留下了深刻的印象，更在他的成长道路上起着不可低估的作用。

陈望道的童年主要是在分水塘度过的。自6岁起，他就开始在村里私塾跟着张老先生接受"四书""五经"等儒家经典的启蒙教育。张老先生学识渊博，对陈望道要求十分严格，每当他发现陈望道在课堂上有分心迹象时，便会立即点名让他回答问题。然而，无论何时被问及，陈望道总是能够对答如流，使张老先生也颇感震惊。无论是繁复的经文还是深奥的哲理，拥有惊人的记忆力和理解力的陈望道都能轻松驾驭，各门功课都表现出色。尤其是在作文方面，更是出类拔萃，他的作文本上总是批满了朱笔圈点，这些都是

---

①陈望道：《夏夜杂忆》，焦扬主编：《陈望道文存全编》第6卷，复旦大学出版社2021年版，第108页。

②邓明以：《陈望道传》，复旦大学出版社2005年版，第5页。

③邓明以：《陈望道传》，复旦大学出版社2005年版，第6页。

先生对他才华的认可和赞许。陈望道极高的学习热情和学习天赋，使得他在学习上始终游刃有余。每逢考试，当其他同学还在抓耳挠腮疲于复习功课时，陈望道却在自由地玩耍或做其他事情。父亲看到这一情况后，就问陈望道为何不抓紧时间复习。陈望道淡定自若地回答："读书要靠平时，岂能临时抱佛脚，搞突击温课。"[1]在课余时间，陈望道还培养了广泛的兴趣爱好，他常常沉浸其中，来丰盈自己的内心世界。他热衷于绘画和音乐，尤其擅长吹奏洞箫，他的洞箫演奏技巧娴熟，音色清澈幽雅，令人陶醉。

值得一提的是，陈望道还有一个让他受益终身的爱好——武术。义乌自古便享有"中国武术之乡"的美誉，武术历史可以追溯到三国时期，浙江民谚中也有"义乌拳头"的说法。三国时代的骆统，不仅武艺高强，还善于练兵，曾多次击败魏军，被孙权封为左将军；宋朝时期，义乌诞生了以宗泽为代表的一批抗金名将；明朝时，义乌武术更是大放异彩，涌现出了一批抗倭将士。受家乡尚武风气的浸润，陈望道自幼跟随拳师学习拳法。他深知习武不仅可以强健体魄，更是一种修身养性的方式。在拳师的指导下，他培养了坚韧不拔的意志和毅力，也逐渐掌握各种招式和技巧。拳师也非常喜欢聪明勤奋的陈望道，一度想将衣钵传予他。陈望道后来坦言，他学习拳术目的有二，一为健身，二为强国与兴邦。[2]他不仅将习武视作一种锻炼身体的方式，而且视作能够振奋民族精神、激励民族斗志的重要途径。

后来，陈望道深厚的武术功底，也给他的学生们留下了深刻印

---

① 邓明以：《陈望道传》，复旦大学出版社 2005 年版，第 9 页。
② 邓明以：《陈望道传》，复旦大学出版社 2005 年版，第 9 页。

象。有人曾回忆，在桂林时见陈望道身材日渐消瘦，关心起他的健康状况，但他却回道："你们不要光看我瘦，但我无病，不仅精神好，而且还有武功，还会点穴。"①1950年考入复旦大学新闻系的居欣如回忆："先生年轻时练过武当拳，会硬功，能轻而易举跳过一两张桌子。"②邓明以教授作为陈望道的秘书，也曾提及陈望道的武术功底过人，还曾回忆陈望道到了晚年"仍然能够'坐如钟、立如松'，显得极有功夫"③。学生倪海曙也曾评价："先生的体型是一种不论坐着和站着都好像生了根似地难以动摇的武术家的体型。"④

随着子女年岁渐增，陈望道父母不指望儿孙非得死守家业，相反宁愿变卖田地也要保证子女们能够完成学业。正是有了这样的认识，陈君元不仅把三个儿子送去县城求学，还不顾村里人非议，毅然将两个女儿也送到县城女子学校读书。也就在15岁那年，不满足于旧式私塾教育，渴望获得新知的陈望道，离开了熟悉的分水塘私塾，踏上了前往义乌县城求学的旅程。绣湖是义乌当地人心目中的圣湖，古代教育之重地。湖畔的绣湖书院，前身是绣湖社学，明崇祯十一年（1638年）于绣湖畔所设，清乾隆四十二年（1777年）改绣湖书院。院址位于义乌县治的稠城镇绣湖滨俞公堤上，环境清雅，山清水秀。这里曾经是文人墨客们研习学问、陶冶性情的好地方。唐代著名诗人骆宾王儿时就在这片美丽的绣湖畔，对着客人咏

①温致义、林志仪：《陈望道先生在桂林》，复旦大学语言文学研究所编：《陈望道先生诞辰一百周年纪念文集》，学林出版社1992年版，第68页。

②居欣如：《记者之师——纪念陈望道先生》，复旦大学语言文学研究所编：《陈望道先生诞辰一百周年纪念文集》，学林出版社1992年版，第9页。

③邓明以：《陈望道传》，复旦大学出版社2005年版，第9页。

④倪海曙：《春风夏雨四十年——回忆陈望道先生》，知识出版社1982年版，第3页。

唱了那首脍炙人口的《鹅》。清光绪三十年（1904 年），义乌当地贤达陈玉梁倡议改绣湖书院为"义乌官立绣湖高等小学堂"，这是义乌第一所官办的西式学堂。学堂办学之初，除教修身、读经等国学课程，还开设算学、历史、地理、格致、体操等西学课程。陈望道进入绣湖小学堂后，继续展露出他好学不倦的精神，专心学习数学和博物，对现代科学知识产生了浓厚兴趣。这里也成为陈望道的西学启蒙之地。然而，陈望道只在这里读了一年书，又回到了分水塘村。

救国初心

　　在绣湖小学堂学习一年后，陈望道先受"教育救国"思潮影响，与一些志同道合的青年回到家乡开办村学、开启民智。后又在"实业救国"思潮的激荡下，离家前往金华府立中学堂，接受更全面的新式教育，以期一展救国报国的赤诚之心。

在绣湖小学堂度过的那一年，算得上是陈望道一生中的一个重要转折点。这所学堂背山面水，景色宜人，堪称读书圣地，不仅为他提供了丰厚的教育资源，更让他开阔眼界，接触到更为广阔的世界，从而对国家前途和民族命运有了更为深刻的认知。陈望道虽然出生在偏远山村，但他心中那份救国报国的赤诚之心，是无法被地域限制住的，他十分渴望为之贡献一份绵薄力量。

从19世纪末开始，"教育救国"思潮日趋高涨，常常见诸报端，在中国社会产生重要影响。时人普遍认识到国家灭亡不外乎无知和愚昧，因而必须将教育视为救国之策，通过发展教育使国人由愚变智，方能使国家转弱为强，实现救亡图存。受"教育救国"思潮影响，陈望道也逐渐认识到兴办教育是拯救中国的不二法门，"要使国家强盛起来，首先要破除迷信和开发民智"①。于是，他和一些志同道合的青年回到村里开办村学，招募适龄村童入学接受启蒙教育。他们希望通过教育，让更多人破除迷信、摆脱愚昧、启迪智慧、走向光明。为此，他们忙碌数日，募集资金，修缮校舍，聘请教师，为村里孩童们搭建起一个崭新的学习环境。陈望道等人不仅教授孩子们新知识、新风尚，更帮助他们树立正确的人生观、价值观、独立思考能力和创新精神。

陈望道并未止步于办村学的教育尝试，他还带领村里的激进青年，勇敢地向封建迷信发起挑战。他深知封建迷信对于民众思想的束缚，必须采取果断行动，打破封建的枷锁。不久后，陈望道等人便以不畏强权、不惧世俗的眼光，毅然决然地砸毁了当地佛龛和庙

---

①陈望道自述，转引自邓明以：《陈望道传》，复旦大学出版社2005年版，第10页。

宇中那些代表封建迷信的泥塑神像。在陈望道看来，这些神像就是封建迷信的象征，就是套在民众头上的精神枷锁，只有打破这个枷锁，才能让民众真正地觉醒，走向进步。陈望道这个离经叛道的"出格"行为，立马引起不小的轰动和批判，但也激励了不少年轻人去反思，究竟如何才能彻底改变自己，乃至改变国家的命运。

就在"教育救国"思潮大行其道之时，"实业救国"思潮也不断壮大并与之相互激荡。所谓"实业救国"意指通过振兴实业，提高国民生产力和综合国力，改变贫弱局面以达御辱自救。面对山河破碎、国弱民穷的现实景象，陈望道再次陷入沉思，"教育救国""实业救国"这两条明显有区别，但又殊途同归的道路，究竟如何才能真正拯救国家于危难？逐渐地，他意识到一个国家的强大不仅仅依赖于教育的发展，更需要实业的振兴作为坚实的基础。这两者之间并非截然对立，其中的联结点就在于重视教育，尤其是重视现代科学知识的教育普及。为此，陈望道怀揣"教育救国"思想，又向往"实业救国"理想，再次离开家乡分水塘村，前往金华府立中学堂求学，希望接受更全面的新式教育，日后为国家的实业发展做出更大的贡献。

金华府立中学堂创办于清光绪二十八年（1902年），时任金华知府按清廷废书院、兴学堂之谕令，改丽正书院为金华中学堂，后改名为金华府立中学堂。著名语言学家、文史学家金兆梓，于1912年从京师大学堂毕业后，为在家侍奉生病的母亲，回到金华府立中学堂担任教员和校长。陈望道对这位老师有着深刻印象，后来始终以学生自称，对他十分敬重。在推动文法革新时，陈望道还邀请金兆梓撰稿声援。在复旦大学内迁北碚时期，陈望道又多次邀请金兆梓莅临学校作专题演讲。陈望道还曾对学生说，他编著的《修辞学发凡》是受金兆梓的影响和启发。①

　　初到金华的陈望道对于"一切都感到新奇"②，但是他没有迷失在新的生活环境中，而是发奋用功，日夜沉浸在知识的海洋，如饥似渴地汲取着数理化等现代科学知识。除了对知识的渴望，陈望道还始终关心家国大事，时时思考着如何将所学运用到实际中，对未来充满了无限憧憬。比如，在"兴实业，重科学"的时代风气下，陈望道对铁路产生了浓厚兴趣。铁路是重要的经济命脉，然而在"西风东渐"的晚清时期，兴办铁路最初因种种封建观念羁绊而长期受到掣肘，历经困厄，这也印证了中国近代化的举步维艰。到了中日甲午战争后，腐败无能的清政府为实现自救，才将兴办铁路确认为自强要策，并由此催生出铁路建设热潮。孙中山也曾感叹："今日之世界，非铁道无以立国。"作为实业的象征之一，陈望道十分关心铁路建设情况，他曾回忆就读金华府中学堂期间，但凡听到哪里有开办铁路的消息，内心总会是心潮澎湃、激动不已。③

　　四年金华府求学的时光，如白驹过隙，转瞬即逝。陈望道刻苦钻研，学业取得长足进步，成绩名列前茅。然而，他深知现有的学习环境已无法满足他的求知欲望，更无法为他内心最深处的理想抱负提供助力。要想真正掌握现代科学技术，要想将中国的实业发展推向新的高度，就必须走出国门，到科技发达的欧美国家留学深造。为了国家的前途，为了民族的崛起，陈望道最终决定从金华府中学

---

①吴铁声：《我所知道的中华人》，中华书局编辑部主编：《岁月书香——百年中华的书人书事》，中华书局2012年版，第90-91页。

②陈望道自述，转引自邓明以：《陈望道传》，复旦大学出版社2005年版，第11页。

③参见陈望道自述，转引自邓明以：《陈望道传》，复旦大学出版社2005年版，第11页。

堂肄业，旋即全身心地投入到赴欧美国家留学深造的准备之中。尽管这将是一条充满挑战与困难的道路，但他坚信，只要心中有信念，怀着对国家的热爱，就一定能够扫除一切障碍。

之江求学

　　1913年，陈望道考入之江大学专注学习数学和英语。这段学习经历为他奠定了日后治学中受用无穷的文理知识根底和英语语言能力，也培养了陈望道严谨求实的科学精神和思维，使他与"实业救国"理想之间的距离更加接近。

    出国留学需要具备一定的外语基础，从金华府立中学堂肄业后，陈望道一直积极地为此做着努力和准备。1913 年，陈望道先在上海一所补习学校强化自身的英语能力。当然，掌握语言只是出国留学的敲门砖，仅仅具备语言能力还是不够的。陈望道认为"欧美的科学发达，要兴办实业，富国强民，不得不借重欧美科学"①，于是他考入钱塘江畔的之江大学，专注于英语和数学的学习。这段学习经历，为陈望道奠定了日后治学中受用无穷的文理知识根底和英语语言能力，也培养了陈望道严谨求实的科学精神和思维，使他与"实业救国"理想之间的距离更加接近。

    之江大学是一所私立学府，是近代中国十三所基督教教会学校之一，由美国基督教南北长老会创办。该校前身为始创于 1845 年 7 月的宁波崇信义塾。崇信义塾，是浙江第一所男子洋学堂，也是浙江最早实施现代教育的新式学校之一。1867 年 9 月，崇信义塾迁址杭州，后改名"育英书院"，寓意《孟子》所云"得天下英才而教育之"。1911 年，育英书院再迁至钱塘江畔，因江水在山脚下曲折流过，形如"之"字，故得名"之江学堂"。1914 年，之江学堂正式升格为之江大学②。之江大学校园内建筑风格典雅，主教学大楼慎思堂承袭欧式古典主义建筑风格，正门立有四根爱奥尼克石柱洁白而高贵，外墙采用清水红砖砌成。校园建筑群落与周围的青山绿树、淙淙山泉相得益彰，构成一幅和谐画卷，漫步其中，宛如置身艺术画廊。

---

①陈望道自述，转引自邓明以：《陈望道传》，复旦大学出版社 2005 年版，第 11 页。
②1952 年高等院校院系调整时，之江大学分别被并入复旦大学、浙江大学和上海财经学院等知名学府，正式退出历史舞台。

　　众所周知，陈望道是著名的语言学家，但出人意料的是，他最早发表的学术论文竟然是讨论数学问题的。在之江大学求学期间，陈望道在《教育周报》《教育杂志》发表了多篇讨论数学问题的文章，充分展示了他在数学领域的良好天赋和独到见解。

　　第一篇是 1913 年 5 月发表在《教育周报》第 7 期的《层行等和排列法》，署名为陈融、翊韩。陈望道在阅读《东方杂志》中关于某个数学问题的讨论后，得知了纵横对角等和排列法这个前所未闻的方法，一时激发起他的问题意识和研究兴趣，于是他沿着这个思路继续探幽凿隐，产生了一系列追问：为什么纵横对角等和排列法仅在方形中成立，在圆形中却缺少证明和进一步的验证？他认为这是不完整的，于是与同伴一起创造了在圆形中能够验证的层行等和排列法，证明在一定的排列下，圆形各层各行之总数皆相等。①

　　第二篇是 1913 年 10 月发表在《教育杂志》第 5 卷第 7 号的《数学答问一则》，署名为义乌陈融。文章中，陈望道就他人对数字 0 的奇偶性质提出的疑问给予了回应。提问者从 0 的位置和性情上考察，倾向于将 0 视为偶数。陈望道以清晰的思路和严密的论证，答复了这一问题。他认为，0 虽"已无数之可言，似当超乎奇偶之外"，但从四个方面来看，0 都能符合偶数的特征和基本运算规律。分别是：0 在正一与负一两个奇数之间；凡以偶数加减于他数，不能改变他数之奇偶，0 符合这一规律；凡奇数减奇数、偶数减偶数，所得皆为偶数，0 由相同之奇数相减、相同之偶数相减而得，也符合这一规律；凡以奇数乘他数，不能改变他数之奇偶，以偶数乘他

---

　　①参见陈融、翊韩：《层行等和排列法》，焦扬主编：《陈望道文存全编》第 6 卷，复旦大学出版社 2021 年版，第 150 页。

数，能使奇偶之他数皆成为偶数，以 0 乘他数能使奇偶之他数皆成为 0，又符合规律。因此，陈望道对"0 绝似偶数"的观点十分认同，虽不敢完全断言无误，但想要佐证 0 为奇数是不可能的[①]。不久后，陈望道又将这一论证过程撰写成《圈为偶数之证明》，于 1914 年 4 月发表在《教育周报》第 39 期。

还有一篇是 1914 年 6 月发表在《教育周报》第 43 期的《劈质数通法》，署名为陈融。文章中陈望道系统地对"劈质"这一算术中的要法和难法进行探究，提出了"欲知某数可劈出何质数，则用一法以验之"的劈质数法。陈望道运用这一方法，得出两大通用法则。法一：欲知某数可否劈出此质数，可以适宜之数乘此质数，使其积为 N×10+1 之形。即以 N 乘某数末位，得积，以减某数十位以上之数，视其差，是 0 或是此质数之倍数否，是则某数可劈出此质数，否则不能劈出此质数。法二：欲知某数能否劈出此质数，可以适宜之数乘此质数，使其积为 N×10-1 之形。而以 N 乘某数末位，得积，以加某数十位以上之数，视其和，为此质数或为此质数之倍数否，如为此质数或为此质数之倍数，则某数可劈出此质数，不然则否。陈望道还列举了诸多实例证明该通法的"致用性"。

之江大学，自然风光奇美，学术氛围浓厚，为陈望道提供了一个极佳的学习环境。尽管这段文理兼通、中西融合的学习经历十分短暂，但是对他一生却产生了非常重要的影响。数学的探究培养起的抽象思维和演绎推理能力，为他日后从事语言学研究提供了无穷

[①]参见义乌陈融：《数学答问一则》，焦扬主编：《陈望道文存全编》第 6 卷，复旦大学出版社 2021 年版，第 151 页。

的帮助。英语学习的积累，更是直接为他即将出国留学深造提供了不可或缺的生存技能，甚至在后来翻译《共产党宣言》首个中文全译本时也派上了用场。

初识马列

　　1915 年，陈望道怀揣着救国救民的宏愿，踏上赴日留学的征程，先后在早稻田大学、东洋大学以及中央大学等知名学府求学。俄国十月革命后，受日本社会主义学者影响，让苦于救国无方的陈望道看到了驱散黑夜的曙光，初步确立对马克思主义的信仰。

陈望道在做好初步准备后，怀揣着救国救民的宏愿，踏上留学的征程。陈望道原本是打算前往欧美国家深造，但受限于家庭经济条件，他最终选择舍远就近，以日本作为留学目的地。当他的父亲陈君元得知儿子想要外出留学的打算时，尽管向来竭力支持子女成长成才，但考虑到留学所需的高昂学费，一开始也没有答应。见此情形，陈望道并未急于解释，而是借用李白《将进酒》中的名句"天生我材必有用，千金散尽还复来"，抄录在墙上以表达自己的决心和抱负。经过数日，见父亲有所动摇，陈望道趁热打铁，抓住时机做父亲的思想工作。他一再表明"将来不要家中的一份田地和房产"。见儿子心意已决，还算开明通达的父亲最终同意变卖一部分田产作为陈望道的留学费用。除了留学日本费用较低外，陈望道选择日本留学还有一个考虑，就是日本的医学比较发达，能找到治疗母亲肺结核病的药。据弟弟陈伸道说，到了日本后，陈望道千方百计地寻觅特效药，不断寄回家中给母亲治病，母亲的肺结核病不久便得到了根治。[①]

1915 年初，陈望道告别了亲人和故土，只身踏上前往日本留学的旅程。由于起初计划是要留学欧美的，在国内陈望道只是接受了短暂的英语培训，还没有接触过日语。因此，初到日本后，为了尽快适应环境，陈望道首先到东亚预备学校进修了一段时间的日语。攻克语言交流障碍后，他先后在早稻田大学、东洋大学以及中央大学等知名学府求学。其间，他还到日本东京物理夜校深造，这所学校颇负盛名，尤以数学和物理学见长。在日本四年半的时间里，陈望道以惊人的毅力深入研习了文学、哲学、经济、法律、物理、数

---

①邓明以：《陈望道传》，复旦大学出版社 2005 年版，第 6 页。

学等多个学科。后来他自己回忆："到了日本，则几乎从自然科学到社会科学无不涉猎"①，展现了卓越的学习能力和对知识的极度渴求。一开始，陈望道攻读的是法律专业，因为那个年代普遍被认为是"一切尽由法科驾驭的时代"②。但经过新文化运动的洗礼，陈望道认为，改造社会、报效国家中也有法科无法解决的问题。与法科分道扬镳的陈望道，转而选择"以中国语文为中心的社会科学"作为自己的志业。

当然，陈望道并非充耳不闻窗外事的"书呆子"。当时留日中国学生中颇有开展政治活动的传统，陈望道在学业之余，也"非常关心当时的政治"③，积极参加丙辰学社④等留日学生社团组织。就在陈望道赴日留学的第一年，袁世凯倒行逆施，实行独裁卖国政策，屈辱地接受了日本提出的妄图灭亡中国的"二十一条"，以此换取日本对其复辟帝制的支持。帝国主义的侵略行径，加上北洋军阀的专制横行，牵动着每一位爱国青年的心弦。留日中国学生义愤填膺，第一时间走上街头反抗中国接受"二十一条"，反对袁世凯复辟帝制，陈望道也踊跃加入其中，走在了抗争的最前列，展现出坚定的救国信念和无畏的斗争精神。面对辛亥革命的胜利果实被窃取，无论是国内关心国家前途命运的有识之士，还是在国外留学深

①陈望道自述，转引自邓明以：《陈望道传》，复旦大学出版社 2005 年版，第 15 页。
②陈望道：《从法科的人生往文科的人生》，焦扬主编：《陈望道文存全编》第 6 卷，复旦大学出版社 2021 年版，第 70 页。
③陈望道自述，转引自邓明以：《陈望道传》，复旦大学出版社 2005 年版，第 13 页。
④丙辰学社是在李大钊筹划和领导下，于 1916 年 12 月 3 日由陈启修、王兆荣、吴永权等 47 名留日学生在日本东京发起成立的社团组织，以"研究真理，昌明学术，交换知识，促进文化"为宗旨，曾出版发行《学艺》杂志。1920 年迁回国内，1923 年改名为中华学艺社，1958 年宣告解散。

造的进步知识分子，都再次陷入思索，继续探寻着救国的真理。

直至 1917 年，俄国十月革命胜利，消息迅速传至日本，在河上肇、山川均、幸德秋水等一批日本社会主义学者开始积极介绍和传播社会主义思潮后，让苦于救国无方的陈望道看到了驱散黑夜的曙光。受日本早期社会主义学者的影响，陈望道开始接触到社会主义学说。他如饥似渴地阅读着幸德秋水的《社会主义神髓》等译介社会主义的文章和书籍。在社会主义思潮的启发下，陈望道内心发生了翻天覆地的变化，彻底打消了对"实业救国""科学救国"抱有的幻想，认识到要救中国不单纯要靠兴办实业，还必须像俄国十月革命一样在中国大地进行一场深刻的、彻底的社会革命，由此确立起对社会主义的初步信仰。自此以后，陈望道同这些早期社会主义学者们一起积极开展十月革命的宣传和马列主义的传播活动，热烈向往十月革命的道路。[1]

1919 年，巴黎和会上中国外交失败的消息传回国内，引发了一场大规模反帝反封建的"五四"爱国运动。当国内进步青年肆意挥洒爱国热情的同时，数千名留日中国学生的抗日热情也被点燃。陈望道和留日同学一道，通过集会、游行，向日本当局提出严正抗议，向各国驻日公使馆投递意见书，并要求中国政府拒绝在《凡尔赛和约》上签字，但最终被日本军警全力镇压。同年 6 月，陈望道从日本返回中国，随身还带了不少马克思主义的书籍[2]。在归国的渡轮上，他伫立眺望着中国的方向，畅想着回到祖国怀抱的情景，

---

①陈望道自述，转引自邓明以：《陈望道传》，复旦大学出版社 2005 年版，第 15 页。

②邵力子：《党成立前后的一些情况》，中国社会科学院现代史研究室、中国革命博物馆党史研究室选编：《"一大"前后——中国共产党第一次代表大会前后资料选编》（二），人民出版社 1980 年版，第 61 页。

内心久久不能平静……

　　四年多的留日经历，尽管只是短暂的一瞬，但在日本初识马列，促成思想上实现社会革命的转向，这毫无疑问在陈望道的一生中留下了浓墨重彩的一笔。正是在这个时候，陈望道给自己取了"望道"的名字，在《新青年》第六卷第一号上发表的《横行与标点》一文中，他首次署名为"望道"①。"望"有展望、探索之意，"道"有道路、法则之意，"望道"可以理解为追望一条救国救民的真理大道。从改名"望道"亦可看出他追求真理的初心担当和人生选择。

---

　　①陈望道的弟弟两个弟弟原名分别是陈贯一、陈精一，因受其影响，也分别改名为陈伸道、陈致道。

一师风潮

　　归国后的陈望道出任浙江省立第一师范学校的国文教员，他大胆改革国文教学，使新文化运动的春风吹进课堂。其指导的学生施存统在《浙江新潮》上发表《非孝》一文引发反动当局查办镇压，学校师生反抗示威，最终酿成"一师风潮"。

1919 年，陈望道在一片夏日蝉鸣声中回到祖国。他不仅感受到天气的炎热，更感受到民众高涨的爱国热情。当时国内正在抵制日货，陈望道一下船就发现有几个年轻人一直跟随着他，直到他换了长衫后，那几个年轻人才不继续跟着。①不久后，陈望道在回乡途中经过杭州，寄寓泰丰旅馆②。其间，"图谋发展"③的陈望道觅得一份可以尽情施展才华的工作——出任浙江省立第一师范学校的国文教员。

浙江省立第一师范学校是西子湖畔的一所著名学府，原址为清代杭州贡院，科举制度废除后在旧址上创办起浙江两级师范学堂④，1917 年夏正式改名为"浙江省立第一师范学校"，简称"浙江一师"，由经亨颐担任校长。1919 年五四运动爆发，一场彻底的反帝反封建的伟大爱国运动在中国大地上蔓延开来，社会上变革传统的呼声开始风起云涌。在五四新思潮的鼓荡下，经亨颐领导的浙江一师成为浙江省内新文化、新思想涌动的中心。为革新教育，经亨颐求贤若渴，准备物色一批思想开化、学术精进的教员。在《教育潮》主编沈仲九的热情引荐，和校长经亨颐的三顾茅庐后，陈望道最终同意入职浙江一师，主要"讲授新的文艺理论"⑤。

陈望道到校后，很快与具有进步倾向的教员一道，积极投身轰

①详见宁树藩、丁淦林：《关于上海马克思主义研究会活动的回忆——陈望道同志生前谈话记录》，《复旦学报（社会科学版）》1980 年第 3 期。

②陈望道晚年谈话中提及旅馆名称为清泰旅馆。

③陈望道：《致仲九》，焦扬主编：《陈望道文存全编》第 8 卷，复旦大学出版社 2021 年版，第 219 页。

④ 1908 年（清光绪三十四年）春成立"浙江官立两级师范学堂"，1912 年 4 月 1 日更名为"浙江省立两级师范学校"。

⑤金普森：《陈望道回忆中共成立前的一些情况》，陈立民、萧思健主编：《千秋巨笔一代宗师——纪念陈望道先生诞辰 120 周年》，复旦大学出版社 2013 年版，第 113 页。

轰烈烈的新文化运动。据他后来回忆，"中国语文课尤其是当时学校新旧思想文化斗争的重要部门。"①五四运动以前，中等学校国文课选用的教材仍以传统儒家经典为主，文字深奥晦涩，思想封建落后。陈望道联合夏丏尊、刘大白、李次九，冒天下之大不韪，大胆改革国文教学，使新文化运动的春风吹进了浙江一师的国文课堂。他们一反传统尊孔读经的教育方法，大力提倡新道德、新文学，拟定了全新的教授法大纲；他们反对只教文言文，主张同时要教白话文，向学生传授注音字母；他们出版《新式标点法》《国语法》等丛书，主张文字必须横行，还从报刊中精挑细选兼具思想性和文学性的进步文章，辑录成册后经石印机印刷，作为国文讲义陆续分发给学生，使学生了解人生真义和社会现象。

在陈望道等进步教师的言传身教下，反帝爱国、追求进步的种子在浙江一师学生中逐渐生根发芽起来。施存统、宣中华、俞秀松等进步学生传阅进步书刊、自发组建社团、创办学生刊物，来学习和传播新文化。其中，以思想清新、言论犀利著称的《浙江新潮》最受各界关注。陈独秀曾在《浙江新潮》上发表了一篇随感，认为"《浙江新潮》的议论更彻底"，并鼓励这班"可敬的小兄弟，就是报社封了，也要从别的方面发挥'少年''浙江潮'的精神，永续和'穷困及黑暗'奋斗，万万不可中途挫折"②，可见《浙江新潮》在当时的影响力。后来，施存统经陈望道的指导，在《浙江新

①陈望道：《五四运动和文化运动》，焦扬主编：《陈望道文存全编》第7卷，复旦大学出版社2021年版，第219页。
②陈独秀：《陈独秀著作选》第二卷，上海人民出版社1993年，第69页。

潮》上发表《非孝》①一文，由于文中对封建礼教的抨击过于严厉，立即在校内外引发轩然大波。

反动军阀当局将"四大金刚"②的国文教学改革和《非孝》一文的发表，视为"大逆不道""妖言惑众"的洪水猛兽，即刻饬令查禁《浙江新潮》，并责令浙江省教育厅查办，开除涉事学生施存统，并以"非孝、废孔、公妻、共产"③的罪名将陈望道等四名国文教员予以解职。其实，此次风波表面上看似对《非孝》一案进行追究，实则是反动军阀当局企图借机对进步势力加以清算。正如《浙江一师校友会十日刊》所指出的："其实省教育厅当局早就打算推翻一师底改革计划，于是先借《浙江新潮》案作个查办的引子，引到本校'学生自治'和'改授国语'两件事的头上，以便把本校底革新事业根本推翻。"④面对官厅的独裁专制，校长经亨颐据理力争，拒不执行。见学校无动于衷，反动当局大为不满，于是变本加厉，在1920年2月发布调令，将经亨颐调离校长一职，并改组学校。浙江一师师生们得知这一消息后，群情激愤，连忙奔走呼号，恳切挽留经校长，并围聚起来把守校门，将新委任的代校长和教员拒之门外，以此表示抗议，"一师风潮"由此爆发。

---

①《非孝》是1919年11月7日，浙江一师学生施存统在《浙江新潮》第2期上发表的一篇文章。文章中极力反对不合理的一味尽孝，认为应该以父母、子女间平等的爱代替不平等的孝，充满了对封建传统旧道德旧礼教的反叛情绪，在社会上轰动一时，进而引发"一师风潮"，被称为"浙潮第一声"。

②陈振新认为"四大金刚"为反动势力对陈望道等4人的诬称。陈望道在《"五四"时期浙江新文化运动》中回忆，他们的国文教学改革引发顽固势力的抵制，有一个反动教师甚至扬言恐吓，要用枪打死他们。

③陈望道：《关于上海马克思主义研究会活动的回忆》，焦扬主编：《陈望道文存全编》第7卷，复旦大学出版社2021年版，第325页。

④《浙江一师校友会十日刊》第11-12号，1920年1月20日。

当风潮持续两个多月，浙江省公署见形势不妙，立即出动军警进驻校园，勒令教员暂行休业、学生一律离校，企图以此强行遣散抗议师生。面对层层进逼，不甘屈服的师生们长时间在操场上与荷枪实弹的军警对峙。陈望道闻讯疾步赶来，走到抗议师生中间极力声援。陈望道后来回忆："警察把学生赶到操场上，用枪、刺刀把学生围起来，声言要解散学校。这时，我们四人与学生一起，学生在周围，老师坐在中间与之斗争。"①这一事件很快传遍了整个杭州城，面对师生们的勇毅之举，社会舆论广泛声援，浙江省教育厅不得不迫于压力调离军警并收回调离校长和解职教员的成命。

"一师风潮"被鲁迅盛赞为"十年后的又一次'木瓜之役'"②，在进步力量的坚决抵抗中取得阶段性胜利。然而，陈望道等进步教员在"一师风潮"后，面对反动当局的百般阻挠，最终还是被迫"自动解职"③。他们的离去，使得浙江新文化运动一度陷入低潮。然而，经此一役，心灰意冷的陈望道也深刻认识到："所谓除旧布新并不是不推自倒、不招自来的轻而易举的事情"④，内心深处开始埋下彻底打倒旧制度的革命火种。

---

①陈望道：《"五四"时期浙江新文化运动》，焦扬主编：《陈望道文存全编》第 7 卷，复旦大学出版社 2021 年版，第 232 页。

②木瓜之役是指 1909 年担任浙江两级师范学堂教员的鲁迅、许寿裳等人，向浙江巡抚增韫和教育总会会长夏震武，发起的一场反对封建旧礼教、旧文化的教育斗争。

③陈望道：《谈马克思列宁主义在中国的胜利》，焦扬主编：《陈望道文存全编》第 7 卷，复旦大学出版社 2021 年版，第 263 页。

④陈望道：《五四运动和文化运动》，焦扬主编：《陈望道文存全编》第 7 卷，复旦大学出版社 2021 年版，第 220 页。

首译《宣言》

　　1920年春，陈望道一头扎进家乡僻静的柴屋，忘我投入《共产党宣言》的翻译。他同时参照英译本与日译本，斟词酌句，逐字推敲，硬是费了平常译书五倍的工夫，完成《共产党宣言》首个中文全译本的翻译工作，并在党史上留下了一段"真理的味道非常甜"的佳话。

"一天，一个小伙子在家里奋笔疾书，妈妈在外面喊着说：'你吃粽子要加红糖水，吃了吗？'他说：'吃了吃了，甜极了。'结果老太太进门一看，这个小伙子埋头写书，嘴上全是黑墨水。结果吃错了，他旁边一碗红糖水，他没喝，把那个墨水给喝了。但是他浑然不觉啊，还说，'可甜了可甜了'。这人是谁呢？就是陈望道，他当时在浙江义乌的家里，就是写这本书。于是由此就说了一句话：真理的味道非常甜。"

这是 2012 年 11 月 29 日，习近平总书记携新一届中央政治局常委到国家博物馆，参观《复兴之路》基本陈列时，动情讲述的陈望道首译《共产党宣言》的党史佳话。2020 年，习近平总书记在给复旦大学青年师生党员的回信中，再次充分肯定了陈望道翻译《共产党宣言》的重大历史意义：陈望道翻译出版了《共产党宣言》首个中文全译本，为引导大批有志之士树立共产主义远大理想、投身民族解放振兴事业发挥了重要作用。

陈望道翻译的《共产党宣言》是马克思主义的纲领性文献，也是国际共产主义运动史上第一个纲领性文献。1848 年，《共产党宣言》在英国伦敦横空出世，第一次以单行本公开发表。此后，正如恩格斯所言，《共产党宣言》"已经传遍全世界，差不多译成了所有各种文字，并且直到今天还是世界各国无产阶级运动的指南"[①]。19 世纪末，在《共产党宣言》发表半个世纪后，经由一些外国传教士和精通外语的知识分子的翻译介绍，《共产党宣言》开始以只言片语的形式呈现在中国人的面前，不少介绍马克思及

---

①恩格斯：《关于共产主义者同盟的历史》，《马克思恩格斯选集》第四卷，人民出版社 2012 年版，第 207 页。

《共产党宣言》的文章见诸报端。

十月革命一声炮响，给中国送来了马克思列宁主义。以陈独秀、李大钊为代表的进步知识分子开始接受马克思主义，从马克思主义的科学真理中看到了解决中国问题的出路。为广泛传播马克思主义，一批宣传马克思主义的进步刊物竞相面市。其中，《星期评论》作为一份宣传新文化新思潮的进步刊物，热情介绍马克思主义学说，宣传报道十月革命后俄国的状况，成为马克思主义在中国早期传播的重要阵地。为了扩大《星期评论》的社会影响，主编沈玄庐、戴季陶酝酿寻觅一位合适的译者将《共产党宣言》全文翻译成中文在刊物上连载，因为当时市面上还找不到一本《共产党宣言》的中文全译本。正当沈玄庐、戴季陶苦于找不到合适人选时，《民国日报》副刊《觉悟》的主编邵力子向他们力荐陈望道。邵力子认为陈望道因浙江一师风潮已初露峥嵘，为知识界所瞩目，同时又兼具精通英日双语、擅长修辞和白话文、具备一定的马克思主义理论水平等优势，无疑是最适合的人选。因此，他信誓旦旦地对沈玄庐、戴季陶表示，能承担此任者，非陈望道莫属。

不久后，陈望道便收到邵力子寄来的约稿信。信中，邵力子转达了《星期评论》杂志社请他翻译《共产党宣言》的邀约，并附上了戴季陶留学日本期间购得的 1906 年日文版《共产党宣言》和陈独秀从北京大学图书馆李大钊处借出的 1888 年英文版《共产党宣言》[①]。收到邀约的陈望道既感意外，又觉兴奋。历经在浙江

　　[①]日译本为日本幸德秋水和堺利彦 1906 年翻译出版。英译本为 1888 年由恩格斯指定赛米尔·穆尔翻译出版。

第一师范任教期间的种种风波，陈望道思想上开始从一味求"新"向一心求"真"蜕变①，他深刻认识到对五四运动以后各种思想和主张，"有了更高的判别的准绳，也就有了更精的辨别，不再浑称为新，浑称为旧了。这更高的辨别的准绳，便是马克思主义"②。于是，他接下《星期评论》的邀约，回到故乡浙江义乌分水塘村"进修马克思主义，并且试译《共产党宣言》"③。后来，在20世纪70年代初，有一个欧洲代表团的代表曾询问他当年为什么会翻译《共产党宣言》。陈望道将答复复述给了学生陈光磊，他说："当时我们的国家所有的人都在寻找我们这个社会发展的方向，我们国家应该怎么走，当时的思潮很多，有各种各样名称的主义，我相信马克思主义，所以我翻译了《共产党宣言》。"④

　　1920年春，为了能够静下心来完成翻译工作，陈望道一头扎进一间僻静的柴屋"闭关"，其间所有的一日三餐和茶水都由母亲来照料。⑤柴屋因年久失修，环境十分简陋，刺骨寒风穿透四壁缝隙，常常将陈望道冻得手脚发麻。由于没有现成的书桌，他就随手将一块铺板和两条长凳拼成简易书桌。没有现成的凳子，他就在泥地上

---

①详见霍四通：《陈望道翻译〈共产党宣言〉研究》，上海人民出版社2021年版，第65页。

②陈望道：《谈马克思列宁主义在中国的胜利》，焦扬主编：《陈望道文存全编》第7卷，复旦大学出版社2021年版，第264-265页。

③陈望道：《谈马克思列宁主义在中国的胜利》，焦扬主编：《陈望道文存全编》第7卷，复旦大学出版社2021年版，第263页。

④陈光磊：《望老的人格魅力　复旦的精神丰碑》，陈立民、萧思健主编：《千秋巨笔 一代宗师——纪念陈望道先生诞辰120周年》，复旦大学出版社2013年版，第32页。

⑤目前最新研究成果认为陈望道于1920年2月春节前后回到义乌老家探亲，其间收到邀约开始《共产党宣言》的翻译工作，3月曾短暂返回杭州参加浙江一师的抗争活动，待风波平息后离职回乡全身心投入翻译。详见霍四通：《陈望道翻译〈共产党宣言〉研究》，上海人民出版社2021年版，第105-115页。

铺上几捆稻草当凳子。当一切准备就绪，陈望道就在一盏火光如豆的煤油灯前工作起来。他时而奋笔疾书，时而搁笔凝神，全然不顾屋冷衾寒、餐食清苦，忘我地投入到《共产党宣言》的翻译上。

全文翻译《共产党宣言》绝非易事，恩格斯曾说"翻译《宣言》是异常困难的"①。陈望道翻译相当严谨仔细，为使译文更加符合原义，他同时参照英译本与日译本，斟词酌句，逐字推敲，"择善而从，力求综合两个译本的优点"②后才慎重下笔。比如，陈望道在翻译的过程中，经过比对发现日译本中存在不少漏译的段落，便根据英译本将这些段落补充了上去。日译本中的一些拼写错误或错译之处，陈望道也逐一在中译本中予以纠正。比如日译本中将 Danish 误译为"和蘭"，陈望道将其纠正为"丹麦"。

陈望道的译文简明流畅，清晰易读，语言准确生动，在"信、达、雅"的基础上还有意识地展现创造性。对于《共产党宣言》开宗明义的第一句话，他将其译为"有一个怪物，在欧洲徘徊着，这怪物就是共产主义"。不同于后来其他译者用"幽灵"等词描述"共产主义"的做法，他综合考量白话文宣传的普适性和《共产党宣言》文本的真理性、战斗性，以"怪物"一词描述"共产主义"，既保

---

①恩格斯：《致弗里德里希·阿道夫·左尔格》，《马克思恩格斯全集》第36卷，人民出版社2015年版，第46页。

②陈望道翻译《共产党宣言》时参照的底本究竟是哪一个目前仍有争论。学术界普遍认同中央编译局的观点，即以日译本为底本参照英译本译出。但是，陈望道在《深切的怀念》中写道："周总理亲切地问我：《共产党宣言》你是参考哪一国的版本翻译的？我回答说：日文和英文，主要是英文"。霍四通教授通过比对陈望道本、日译本、英译本，通过大量实例证明陈望道是同时参照了日、英两个底本，择善而从后完成了翻译。详见霍四通：《陈望道翻译〈共产党宣言〉研究》，上海人民出版社2021年版，第161-177页。

留了马克思、恩格斯引用欧洲反动势力表述的反讽之意，又避开"妖魔鬼怪"产生的魅惑感。又如，《共产党宣言》中 Bourgeois 和 Proletarians 两个词，日译本中译作绅士和平民，陈望道斟酌之后改译为有产者和无产者，这种译法显然更符合《共产党宣言》的原意，彰显两者的对立性。

经过一个多月夜以继日的工作，陈望道硬是"费了平常译书五倍的工夫"[1]，最终完成《共产党宣言》首个中文全译本的翻译工作，其历史功绩无异于普罗米修斯盗取天火。后来，在 1920 年 6 月 26 日，鲁迅收到陈望道寄赠的《共产党宣言》中文全译本。周作人曾回忆，鲁迅在收到书后的当天就翻阅了一遍，中肯地评价道："这个工作做得很好，现在大家都在议论什么'过激主义'来了，但就没有人切切实实地把这个'主义'真正介绍到国内来，其实这倒是当前最要紧的工作。望道在杭州大闹了一阵之后，这次埋头苦干，把这本书翻译出来，对中国做了一件好事。"[2]

①沈玄庐：《答人问〈共产党宣言〉底发行》，《觉悟》，1920 年 9 月 30 日。
②沈鹏年于 1961、1962 年访问周作人记录，转引自邓明以：《陈望道传》，复旦大学出版社 2005 年版，第 43 页。

参建党团

　　陈望道作为中国共产党发起组的核心成员，参与党团组织创建，主持《新青年》编务，到外国语学社授课，积极传播马克思主义，为革命事业培养新鲜血液。革命的星火一经点燃，一场"开天辟地的大事变"就此到来。

在完成《共产党宣言》的全文翻译后，陈望道便接到《星期评论》社发来的电报，邀请他去上海担任刊物编辑。陈望道后来回忆说："原来孙中山先生电召戴季陶去广州，他们有意要我代替戴编刊物。我到《星期评论》社，在三楼阳台上见到他们。戴同我见面就大哭，说舍不得离开这个刊物。"①然而，就在陈望道与戴季陶见面的第二天，《星期评论》社开会决定停办刊物。原来，当时反动当局为钳制舆论，加紧控制进步报刊的出版发行，"用秘密干涉的手段"封禁有进步倾向的《星期评论》，没收已寄出的刊物，其余的"像山一样的堆在社里"②无法寄出，故而一个在全国有影响的刊物不得不中止刊行。

无奈之下的陈望道，只好应陈独秀之邀，加盟《新青年》编辑部，从第 8 卷第 1 号开始参与编辑工作。《新青年》编辑部位于环龙路渔阳里 2 号（今南昌路 100 弄 2 号）。这里原是革命党人柏文蔚的公馆，陈独秀 1920 年为躲避北洋政府的追捕，从北京返沪后便借住于此。而正是因为陈独秀的入住，原本冷清的柏公馆一下子热闹起来，生逢乱世而渴求救国图强之道的进步知识分子纷纷登门拜访这位思想界的明星。他们促膝长谈，共同商讨中国社会改造问题。随着交流的深入，他们越发认识到，要解决中国的问题，就必须"走俄国人的路"，成立一个新型的无产阶级政党。与此同时，经共产国际批准，俄共（布）远东局海参崴分局派维经斯基等人来华。在北京大学俄籍教授的牵线搭桥下，维经斯基一行与李大

---

① 陈望道：《关于上海马克思主义研究会活动的回忆》，焦扬主编：《陈望道文存全编》第 7 卷，复旦大学出版社 2021 年版，第 326 页。

② 《星期评论刊行中止的宣言》，《星期评论》第 53 号，1920 年 6 月 6 日。

钊等进步知识分子取得联系，并经由李大钊引荐，前往上海与陈独秀等人会晤，向他们介绍了苏俄革命的情况，了解中国现实国情和进步力量，帮助创建中国共产党组织。

1920年5月，陈独秀发起成立马克思主义研究会。陈望道后来回忆，研究会最初是一个松散的组织，"吸收成员，起初比较宽，只要有兴趣的都可以参加，后来就严格了。"①随着张东荪、戴季陶等一些持有不同政治主张的人相继选择退出后，马克思主义研究会开始转向有严密组织和纪律的共产党发起组。同年6月，陈独秀、李汉俊、俞秀松、施存统、陈公培在渔阳里2号秘密开会，决定成立共产党组织，初步定名为"社会共产党"。同年8月，经陈独秀、李大钊往来信函商议，最终定名为"共产党"（后世称为"上海共产党早期组织"或"中国共产党发起组"）。从此，古老的中国大地上出现了共产党组织，渔阳里2号成为各地共产主义者开展建党活动的联络和指挥中心。而在这个新生的组织中，陈望道是核心成员之一。

中国共产党发起组成立后，陈独秀创办的《新青年》②遂成为机关刊物，由原先一份激进民主主义的刊物改组为宣传马克思主义的刊物。正当《新青年》要在宣传马克思主义上发挥更大作用时，陈独秀受广东军阀陈炯明邀请，赴广州主政全省教育。1920年12月16日，陈独秀出发前，他还专门给胡适和高一涵去信，交

---

① 宁树藩、丁淦林：《关于上海马克思主义研究会活动的回忆——陈望道同志生前谈话纪录》，《复旦学报》（社会科学版），1980年第3期。

② 《新青年》是1915年陈独秀在上海创办的一份刊物。它的出版标志着在思想文化领域掀起了一场高举科学和民主大旗，向传统封建礼教宣战的新文化运动。

代杂志的后续事宜。他在信中写道："我今晚即上船赴粤，此间事都已布置了当，《新青年》编辑部事有陈望道君可负责。"①陈望道在同一天给周作人的信中也提及此事："独秀先生明天动身往广东去，这里收稿的事，暂由我课余兼任。"②此后，陈望道便开始接手《新青年》的编务工作。后来因工作需要，他还从法租界白尔路（今自忠路）三益里搬入渔阳里，以便随时与李汉俊、李达等人商讨问题。在他的主持下，采取"树旗帜"的办刊方针，"把马克思主义的东西放进来，先打出马克思主义的旗帜"，着力宣传十月革命后苏维埃俄国的建设成就，把传播马克思主义与宣传苏俄革命经验有机结合起来，进一步亮明了马克思主义的办刊方向。此外，在校对上为了保证刊物质量，陈望道也总是亲力亲为。他在 12 月 16 日写给周作人的信中就表示："前两期校对颇欠精审，损了价值不少，此后三校我想自己亲校"③，做好最后的把关。

常言道：道不同，不相为谋。《新青年》的改组和革新，也引来一些人的反对。胡适就嫌《新青年》刊登大量马列言论，"色彩过于鲜明"，表示无法忍受闭口不谈具体的政治问题，却高谈阔论马克思主义，并抨击《新青年》"差不多成了 Soviet Russia 的汉译本"。于是，他写信给陈独秀提出三点建议：一是另办一个关于哲学、文学的杂志，二是恢复"不谈政治"的戒约，三是停办《新青年》，甚至还四处联络要将《新青年》迁回北京编辑。面对妄图

①陈独秀：《陈独秀著作选》第二卷，上海人民出版社 1993 年版，第 223 页。
②陈望道：《与周作人关于〈新青年〉杂志的通信》，焦扬主编：《陈望道文存全编》第 8 卷，复旦大学出版社 2021 年版，第 220 页。
③陈望道：《与周作人关于〈新青年〉杂志的通信》，焦扬主编：《陈望道文存全编》第 8 卷，复旦大学出版社 2021 年版，第 220 页。

分裂《新青年》、篡改办刊方向的情况，陈望道一方面努力维持刊物内部的团结，另一方面展开了针锋相对、有理有节的反击，有力地击退了反马克思主义思潮的进攻，捍卫了《新青年》的办刊方向，巩固了其作为中国共产党发起组机关刊物的重要地位。除了《新青年》，《共产党》《觉悟》《劳动界》也都是陈望道参与撰稿和编辑的重要舆论阵地。

为了进一步壮大革命队伍力量，陈独秀还曾考虑把进步青年吸纳和组织起来加以培养。张国焘回忆陈独秀曾提出，"组织一个社会主义青年团，为中共的后备军，或可说是共产主义的预备学校"，"加入的条件不可太严，以期能吸收较多的青年"①。在中国共产党发起组创建后不久，陈独秀就委派最年轻的党员俞秀松在霞飞路渔阳里6号（今淮海中路567弄6号）负责筹建团组织。1920年8月22日，陈望道和俞秀松、施存统、沈玄庐、李汉俊、金家凤、袁振英、叶天底②，一同组织创建上海社会主义青年团。同时，陈独秀还委托杨明斋在此负责筹办外国语学社。据许之桢回忆，"为什么要办学社呢？一方面是做好党的掩护，一方面是可以发展组织。"③1957年3月4日，陈望道谈及社会主义青年团早期情况时说，当时"青年要求进步、要求找出路的心很切，很需要有人指点"，"一些青年便跑到上海来了（其中有些是因闹学潮离开学

---

①张国焘：《张国焘回忆中国共产党"一大"前后》，中国社会科学院现代史研究室、中国革命博物馆党史研究室选编《"一大"前后——中国共产党第一次代表大会前后资料选编》（二），人民出版社1980年版，第139页。

②俞秀松、施存统、叶天底3人都是陈望道在浙江一师任教时的学生。

③《1955年许之桢回忆早期青年团在上海渔阳里6号活动及原址布置情况》，《上海革命史资料与研究》第4辑，上海古籍出版社2004年版，第509页。

校，不满家庭包办婚姻而逃出来的）。我们曾为他们安插住处，给他们补习功课。以后，在他们中间发展了团员。"①

当时，外国语学社虽然对外在《民国日报》上公开发布招生广告，但是实际上主要由各地共产党早期组织推荐青年才俊前来学习俄语和革命理论，再从中选拔优秀成员派往莫斯科学习。据萧劲光回忆，他读的第一本马列的书就是外国语学社发的《共产党宣言》，当时陈望道以复旦大学教员的身份，应邀来外国语学社在"每个星期日讲一课"②。新中国成立后，刘少奇回忆起这一段历史时说："那时我还没有参加共产党，我在考虑入不入党的问题。当时我把《共产党宣言》看了又看，看了好几遍"，"从这本书中，我了解了共产党是干什么的，是怎样的一个党，我准不准备献身于这个党所从事的事业，经过一段时间的深思熟虑，最后决定参加共产党，同时也准备献身于党的事业。"③在陈望道的言传身教下，刘少奇、任弼时、萧劲光、罗亦农、王一飞等一大批进步青年在这里经受了革命思想的洗礼，确立了对马克思主义的信仰，从而为革命事业培养和输送了一大批青年才俊。革命的星火一经点燃，一场"开天辟地的大事变"就此到来。

---

①中共上海市委党史研究室、中国社会主义青年团中央机关旧址纪念馆：《觉悟渔阳里：上海社会主义青年团创建史料选辑》下，上海人民出版社 2017 版，1325。

②萧劲光：《萧劲光回忆录》，解放军出版社 1987 年版，第 17 页。

③何静修：《缅怀刘少奇》，中央文献出版社 1988 年版，第 399-400 页。

又新首版

　　1920 年 8 月，陈望道翻译的《共产党宣言》正式以单行本出版发行，它有如给落后的中国带来了黎明的曙光，为中国共产党的正式创建做好了理论上的准备。越来越多的有志之士在它的滋养下，树立起共产主义的远大理想，纷纷选择投身民族解放振兴事业。

《星期评论》的停办，令陈望道翻译的《共产党宣言》中文译稿"原本准备在该刊发表"[①]的计划告吹。于是，陈独秀接过了《共产党宣言》的出版任务，在召集李汉俊一同审校译稿后[②]，便张罗起出版发行的事宜。他向共产国际代表维经斯基筹措了一笔经费，并全权委托郑佩刚"建立一个有力的战斗的印刷所"[③]。于是，郑佩刚在辣菲德路（今复兴中路）成裕里租了一个房子，找来一台印刷机，并将熟悉印刷技术的妻子刘无和"华强印刷所"的四位熟练技工从广州调来，在此基础上建立一个小型印刷所，命名为"又新印刷所"，取"日日新又日新"之意，专门负责印刷社会主义者同盟[④]的刊物，其中就包括陈望道翻译的《共产党宣言》。

1920年8月，经各方努力，由陈望道翻译的《共产党宣言》以"社会主义研究社"的名义，作为"社会主义研究小丛书第一种"正式以单行本出版发行。毛泽东称之为"用中文出版的第一本马克思主义的书"。首版《共产党宣言》为竖排平装小32开，内页采用铅字竖排的版式，全书长约18.1厘米，宽约12.4厘米，首印一千余册，定价为大洋一角。封面整体颜色为水红色，其上注明本书的合著者为"马格斯、安格尔斯"，译者为"陈望道"，还印有选自《近世界六十名人》画册中马克思在1875年拍摄的半身肖像，

---

① 陈望道：《党成立时期的一些情况》，焦扬主编：《陈望道文存全编》第7卷，复旦大学出版社2021年版，第333页。

② 有学者认为杨明斋也可能参考俄译本对陈望道翻译的译稿进行了校对。

③《郑佩刚的回忆》，中国社会科学院现代史研究室、中国革命博物馆党史研究室选编：《"一大"前后——中国共产党第一次代表大会前后资料选编》二，人民出版社1980年版，第483-484页。

④ 1920年7月，陈独秀在上海组织马克思主义者与无政府主义者共同成立的传播社会主义思潮的组织。也有学者认为社会主义同盟即马克思主义研究会、中国共产党发起组。

封面最下方自右向左横题"马格斯"三字。由于印刷时间仓促，首版《共产党宣言》的封面出现了一个重大疏漏，书名被错印成了《共党产宣言》①。但这丝毫没有影响到书籍的销量，在很短的时间内装帧精美的《共产党宣言》中文首版便奉送一空，反响极其强烈。次月应读者要求再版时，印刷所不仅将封面颜色改成蓝色，还把颠倒的书名和书中的一些错别字做了及时更正。

如今，《共产党宣言》首版错版已成为国家一级文物，目前国内已知尚有 12 本珍本留存于世，其中上海作为党的诞生地共存有 5 本，分别藏于上海图书馆、中共一大纪念馆、鲁迅纪念馆、上海档案馆，以及 2020 年最新发现一本的上海社会科学院图书馆。此外，还有一本特别的版本藏于国家图书馆，而这个版本的背后还有这样一段故事：1975 年 1 月 22 日，参加完全国人大会议的陈望道在儿子的陪同下，前往北京图书馆（今国家图书馆）参观。在参观过程中，复旦大学校友、北京图书馆副馆长鲍正鹄教授特地取出了馆藏《共产党宣言》首版请陈望道签名留念。时隔半个多世纪，再次看到自己翻译的《共产党宣言》，陈望道激动不已，感慨万千。但是，他谦逊地表示，在图书馆的藏书上签名不合适。但是，鲍馆长坚持认为，封面本来就署有译者陈望道的名字，由译者签名的版本也更加珍贵。于是，陈望道只好恭敬不如从命，端端正正地在第一页署上了自己的名字和时间。此书也因此成为目前已知的唯一一本拥有陈望道签名的《共产党宣言》首版珍本。

陈望道翻译的《共产党宣言》一经出版，便在国内产生极大的

---

①有学者认为是因为时间匆忙而导致排版错误，有学者认为这是为掩人耳目的故意之举。但从一个月后再版时的修改更正，说明排版错误的可能性更大。

影响,尤其对马克思主义在中国的广泛传播起到了振聋发聩的作用。中国共产党发起组将《共产党宣言》寄往全国各地,各地党的早期组织将其作为"互相交谈的依据"①。董必武回忆:"那个时候,我们看到的马列主义的东西是很少的,当时有个《共产党宣言》翻译本,是从日本翻译过来的,是陈望道译的。"②中国共产党北京早期组织也在报告中汇报,为了在知识分子阶层中扩大宣传,他们散发了上海印的《共产党宣言》。后来,人民出版社、平民书社、上海书店、国光书店、长江书店等出版机构纷纷再版,仅平民书社在 1926 年 1 月至 5 月就重印了 10 次,累计重印了 17 次。国共第一次合作的北伐战争期间,《共产党宣言》印得更多,随军散发,几乎人手一册。陈望道翻译的《共产党宣言》成为当时在国内流传最广、影响最大的一部马克思主义经典著作,为中国共产党的正式创建做好了理论上的准备。

  《共产党宣言》不仅是划破旧社会夜空的明灯,更是滋养一代代中国共产党人的宝贵精神财富。1936 年,毛泽东在接受美国记者斯诺采访时说,有三本书特别深刻地铭记在他的心中,建立起他对马克思主义的信仰,第一本就是陈望道翻译的《共产党宣言》。曾将《共产党宣言》当作"贴身伙伴"的周恩来,曾评价说:"我最早读到的陈望道翻译的《共产党宣言》,这个译本虽然有些缺点,

---

①林伯渠:《党成立时期的一些情况》,中国社会科学院现代史研究室、中国革命博物馆党史研究室选编:《"一大"前后——中国共产党第一次代表大会前后资料选编》二,人民出版社 1980 年版,第 31 页。
②《董必武谈中国共产党第一次全国代表大会和湖北共产主义小组》,中国社会科学院现代史研究室、中国革命博物馆党史研究室选编:《"一大"前后——中国共产党第一次代表大会前后资料选编》二,人民出版社 1980 年版,第 367 页。

但基本原理大体是正确的。"①后来在全国人大四届一次会议上见到陈望道时，周恩来还表示如果能找到第一版的《共产党宣言》，他想再看一遍。邓小平在南方谈话中说道："我的入门老师是《共产党宣言》和《共产主义 ABC》。"②

可以说，马克思主义是全世界共产党人的真理之光，而陈望道翻译的《共产党宣言》是中国共产党人的信仰之源。陈望道翻译的《共产党宣言》，在凄风苦雨中点亮了信仰的火种，给落后的中国带来了黎明的曙光。越来越多的有志之士在它的滋养下，树立起共产主义的远大理想，纷纷选择走上革命道路，投身民族解放振兴事业。

①靳辉明、李瑞琴：《〈共产党宣言〉与世界社会主义》，社会科学文献出版社 2013 年版，第 64 页。

②邓小平：《在武昌、深圳、珠海、上海等地的谈话要点》，《邓小平文选》第 3 卷，人民出版社 2001 年版，第 382 页。

劳工觉醒

　　陈望道曾一度担任中国共产党发起组劳工部长，他通过创办报纸刊物、开办工人夜校、成立工会组织等方式，深入工人群体发表关于劳工神圣和劳工联合的演说，提升工人阶级的思想觉悟，支持工人阶级进行抗争，有力推动马克思主义与工人运动进一步结合。

1920 年 5 月 1 日，在澄衷中学的澄厅内，举行着一场秘密集会。当时，为唤起中国工人的觉悟，陈独秀、陈望道与工人、学生和教员等五百多人共同发起庆祝大会。与此同时，在陈独秀等人的推动下，上海工界同胞团结一心，在屡遭反动军警镇压和扰乱的不利条件下，最后在老靶子路（今武进路）举行集会活动，以为全国表率，以应世界潮流。此次声势浩大的五一国际劳动节纪念活动，被誉为"上海工界彻底觉悟之第一次"，在中国工人运动史上留下了浓墨重彩的一笔。

作为最早开埠的通商口岸之一，上海以其优越便利的地理位置，成为创办企业和开设工厂最盛的地区。随着工厂企业的激增，上海工人阶级的队伍逐步发展壮大，成为全国工人阶级最为集中的地区。上海的工人阶级不仅数量庞大，而且在五四运动中出于"格政府之心，救灭亡之祸"的民族大义，奋起抗争，展露出巨大能量，开始以独立姿态登上历史舞台。甫成立不久的中国共产党发起组，充分认识到工人阶级是最先进的社会力量，也是整个无产阶级革命运动中极其重要的组成部分。为此，他们通过创办报纸刊物、开办工人夜校、成立工会组织等途径，深入工人群体传播马克思主义，提升工人阶级的思想觉悟，进而推动马克思主义与工人运动进一步结合。

俞秀松曾说："如果要建立人类社会的新生活，首先要唤起工人大众，和他们一起来进行宣传"①。为了能有一个固定的宣传阵地，陈独秀、李汉俊在 1920 年 8 月决定创办一份面向工人阶级的通俗理论宣传周刊——《劳动界》。在中国共产党发起组中担任

①中共浙江省委党史研究室编：《俞秀松纪念文集》，当代中国出版社 1999 年版，第 230 页。

3个月劳工部长（又叫工会部长）的陈望道，有一项重要工作就是参与组织《劳动界》的编辑发行。他们在发刊词中回答了印发《劳动界》的初衷，认为工人在世界上是最苦的，而中国的工人比外国的工人还要苦，就是因为"外国工人略微晓得他们应该晓得的事情，我们中国工人不晓得他们应该晓得的事情"，所以印发《劳动界》就是为了"教我们中国工人晓得他们应该晓得他们的事情。我们中国工人晓得他们应该晓得他们的事情了，或者将来要苦的比现在好一点"①。《劳动界》用通俗易懂、朴实生动的文字，向工人深入浅出地进行了马克思主义的启蒙教育，并诉说出劳苦工人内心的苦楚，向他们传授斗争的经验和教训，引得工人们的广泛共鸣，被赞誉为"工人们的喉舌"和"救工人的明星"。为了方便工人们倾吐内心的痛苦愤懑，《劳动界》还专门开辟读者投稿专栏，先后刊登工人来稿30余篇，真正使工人们"有话可以讲了，有冤可以伸了"②。

陈望道撰写和翻译与工人问题相关的文章数量，在中国共产党发起组成员中是最多的。他在刊物上发表了《平安》《真理底神》《女子问题和劳动问题》《劳动者唯一的"靠著"》《劳动问题第一步的解决》《劳动联合》《反抗和同情》《罢工底伦理的评判》等文章。此外，他还翻译了《劳动运动通论》《劳农俄国底劳动联合》《劳工问题的由来》等文章，介绍国外工人运动的先进经验。在这些充满革命精神的战斗檄文中，陈望道以笔为枪，深刻揭露出资本家对工人阶级的剥削和压迫，无情地批评了奴役和剥削工人的

---

① 《劳动界》第1册，1920年8月15日。
② 《劳动界》第5册，1920年9月12日。

罪恶制度，替工人们喊出"我们流出来的汗到哪里去了"①的心声，并教育和鼓励广大工人为争取自身彻底解放而斗争。

在众多文章中，陈望道对"劳动联合"的论述用力最多。他认为，"劳动者唯一的靠着，就是'劳动联合'"，"中国劳动问题第一步的解决，就是振兴正当的'劳动联合'"②。劳动联合的根本任务在于建立广泛而有力的组织，以此真正实现"万国劳动者团结起来呵！"③当然，陈望道指出"胡乱结集，却是无济于事的"④，这无非"多是无组织的蠢动"⑤，必须渐次达成"实业的劳动联合"⑥。当时上海存在着几十个工人团体，但大都是资本家为了笼络控制工人阶级为其谋利的"招牌工会"。反动派还常利用流氓在工会里打架，借口把涉事双方都抓走，以此来破坏工会。⑦为此，陈望道直接参与改造旧有框架的、行会性质的工会，帮助筹建上海机器工会、印刷工会，以及纺织、邮电工会。这是第一批在中国共产党领导下成立的工人阶级组织。陈望道后来回忆起组织工会活动时的情形说："初期的工运，主要是启发和培养工人的阶级觉悟，支持他们的经

---

①《劳动界》第 8 册，1920 年 10 月 3 日

②陈望道：《劳动问题第一部的解决》，焦扬主编：《陈望道文存全编》第 6 卷，复旦大学出版社 2021 年版，第 214 页。

③陈望道译：《共产党宣言》，焦扬主编：《陈望道文存全编》第 1 卷，复旦大学出版社 2021 年版，第 31 页。

④陈望道：《劳动问题第一部的解决》，焦扬主编：《陈望道文存全编》第 6 卷，复旦大学出版社 2021 年版，第 214 页。

⑤陈望道：《从此以后》，焦扬主编：《陈望道文存全编》第 6 卷，复旦大学出版社 2021 年版，第 223 页。

⑥陈望道：《劳动联合》，焦扬主编：《陈望道文存全编》第 6 卷，复旦大学出版社 2021 年版，第 220 页。

⑦金普森：《陈望道回忆中共成立前的一些情况》，陈立民、萧思健主编：《千秋巨笔一代宗师——纪念陈望道先生诞辰 120 周年》，复旦大学出版社 2013 年版，第 115 页。

济斗争"[1]，"由于工人的文化程度低，我们组织工会不大用文字宣传品，主要口头宣传，办了很多业余学校，把政治性的内容结合到教学中去"[2]。陈望道就曾经深入沪西小沙渡一带工人集中居住的地区，向工人群众发表关于劳工神圣和劳工联合的演说，启发他们的思想觉悟，认识到自己的伟大使命。

在中共一大召开后，中国共产党中央局发表通告，要求上海、广东等地建立区执行委员会。1921年11月，中共上海地方委员会成立，陈望道被推选为首任书记[3]，为上海地方党组织的发展作出开拓性的历史贡献。1922年农历狗年春节前夕，陈望道用《共产党宣言》中的核心思想创作了一首6句、77个字的《太平歌》，并把歌词印在贺年帖背面，正面写着"恭贺新年"字样。歌词中写道：

天下要太平，劳工须团结。

万恶财主铜钱多，都是劳工汗和血。

谁也晓得：为富不仁是盗贼。

谁也晓得：推翻财主天下悦。

谁也晓得：不做工的不该吃。

有工大家做，有饭大家吃，这才是共产社会太平国。

---

①陈望道：《党成立时期的一些情况》，焦扬主编：《陈望道文存全编》第7卷，复旦大学出版社2021年版，第334页。

②陈望道：《关于上海马克思主义研究会活动的回忆》，焦扬主编：《陈望道文存全编》第7卷，复旦大学出版社2021年版，第327页。

③陈望道担任中共上海地方委员会书记时间不长，后因对陈独秀家长制作风不满，对建党理念和思想认识的分歧，以及个人性格特征等原因，在1922年向党组织提交了辞呈。尽管，陈望道辞去职务，但他仍表示"我信仰共产主义终身不变，愿为共产主义事业贡献我的力量"。详见茅盾：《我走过的道路》上，人民文学出版社1997年版，第265页。

太平歌

天下要太平，勞工須團結。
萬惡財主銅錢多，都是勞工汗和血。
誰也曉得：
爲富不仁是盜賊。
誰也曉得：
推翻財主天下悅。
誰也曉得：
不做工的不該吃。
有工大家做有飯大家吃，
這才是共產社會太平國。

1月28日（农历正月初一）上午，陈望道、沈雁冰、李汉俊、李达等带头，走上街头分头散发，沿途每家送一张贺年帖。不到半天，6万多份"红色贺年帖"传遍上海的大街小巷。陈望道后来回忆："人们一看到贺年卡就惊呼：不得了，共产主义到上海来了。" ①这项活动也被写入中共中央执委会书记陈独秀给共产国际的报告中（发于1922年6月30日）。据报告记载，当时上海共产党全部党员及中国朝鲜社会主义青年团一百余人，工人五十人，共同参加散发"贺年帖"。这一举动使共产主义思想更加深入人心，引导越来越多的进步工人和劳苦大众志愿加入革命队伍，进一步充实了革命的力量。

①陈望道：《关于上海马克思主义研究会活动的回忆》，焦扬主编：《陈望道文存全编》第7卷，复旦大学出版社2021年版，第328页。

解放妇女

　　在男尊女卑盛行的旧中国，陈望道创办和主编《妇女评论》，到平民女校义务兼课，撰写大量关于恋爱、婚姻和妇女问题的文章，鼓励妇女冲破封建制度和旧礼教束缚，为妇女解放运动摇旗呐喊，堪称中国妇女运动的先驱之一。

在满目疮痍的旧中国，男尊女卑盛行，妇女总是处于被压迫和奴役的地位。随着近代以来男女平等、妇女参政、婚姻自主等观念的输入，这些陈规陋习遭受革命洪流的猛烈冲击，妇女方才以前所未有的崭新面貌活跃于社会舞台上。她们秉持着冲破封建禁锢、争取自由解放的强烈愿望，汇集成一股强大的力量，拉开了中国妇女运动的帷幕。当时，不少进步知识分子开始对妇女问题加以关注和研究。陈望道便是其中之一，他为呼吁妇女冲破礼教束缚，撰写了大量关于恋爱、婚姻和妇女问题的文章，大声疾呼"对于妇女问题要彻底的，根本的解决，非'革命'不可"①、"中国女子，早该觉醒了"②。他为妇女解放运动摇旗呐喊，堪称中国妇女运动的先驱之一。

为了扩大宣传阵地，1921年8月3日《民国日报》创刊副刊《妇女评论》③，陈望道亲自担任主编，承担大量撰稿和编辑工作。在《创刊宣言》中陈望道犀利地写道，创办刊物的目的在于"在人类平等（人道主义）与母性尊重这两个意义之外，特为社会进化这观念，来根本地主张妇女解放"④，因此"凡思想、制度，能够成为新锁镣的，我们都要不容情的攻击"⑤，如此才能彻底解放历来施加于

---

①陈望道：《妇女问题》，焦扬主编：《陈望道文存全编》第7卷，复旦大学出版社2021年版，第72页。

②陈望道：《中国女子底觉醒》，焦扬主编：《陈望道文存全编》第7卷，复旦大学出版社2021年版，第81页。

③《妇女评论》前后两年累计发行了104期，受到各界的高度关注，后与《现代妇女》合并为《妇女周报》。

④陈望道：《〈妇女评论〉创刊宣言》，焦扬主编：《陈望道文存全编》第6卷，复旦大学出版社2021年版，第254页。

⑤陈望道：《〈妇女评论〉创刊宣言》，焦扬主编：《陈望道文存全编》第6卷，复旦大学出版社2021年版，第256页。

女性之上的种种束缚，使她们真正成为自由而独立的新女性。这充分彰显了刊物鼓励妇女冲破封建制度和旧礼教束缚的斗争精神。

不仅在《妇女评论》，陈望道还在《新青年》《劳动界》《新妇女》等刊物上发表关于妇女问题的若干主张。面对广大妇女在现实中遭受的种种残酷压迫，陈望道对男女社交、恋爱婚姻、经济劳动、节制生育等问题进行了深入思考，各种评论、随感、通信和演讲林林总总多达七八十篇。陈望道认为，"妇女问题决不仅仅是'妇女'一方面的事，妇女受压迫，决不是仅仅'妇女'一方面受损害"①，"为人类底命运起见，无论男女，对于妇女底被损害，都应有所危惧、奋勉、呼喊，乃至毅然决然，排万难而主张改革，实行改革"②。为此，他以马克思主义的立场、观点和方法，辛辣而有力地抨击了旧礼教旧习俗的牵缠压迫，力图从宏观上把握、微观上解决这些束缚妇女的问题。后来，著名社会学家邓伟志教授认为陈望道的妇女思想开了"中国妇女学的先声"③，并评价道"他的这些语言在今天看来好像不算什么，如果放到当时的历史背景下一看，他的这些语言都是振聋发聩的，都是惊天动地的"④。

关于婚姻问题，陈望道的剖析和抨击显得尤为猛烈。早年因"父母之命，媒妁之言"，陈望道也是"一个曾经过旧式婚姻痛苦的人"，

---

①陈望道：《〈妇女评论〉创刊宣言》，焦扬主编：《陈望道文存全编》第6卷，复旦大学出版社2021年版，第254页。

②陈望道：《〈女子地位讨论专号〉导言》，焦扬主编：《陈望道文存全编》第6卷，复旦大学出版社2021年版，第301页。

③邓伟志：《序言》，《恋爱 婚姻 女权——陈望道妇女问题论集》，复旦大学出版社2010年版，第4页。

④邓伟志：《望老有关妇女问题的论断振聋发聩》，陈立民、萧思健主编：《千秋巨笔一代宗师——纪念陈望道先生诞辰120周年》，复旦大学出版社2013年版，第49页。

因此他从根本上否定旧式婚姻制度而建立起的婚姻关系。1924年7月，陈望道在谈及这段"被强迫结婚"的经历时说，"我和伊（指张六妹，陈望道私塾老师张老先生之女）并不是不好，从姊弟的情感上讲，实在是很好的，在我们乡间，谁也说我俩是很好的一对！可是不知怎的，心里总觉彼此不安"，直到最后"各人各走自己的路"才完好地解决了这般内心的不安。①在他看来，"自主的婚姻当然要以恋爱为基础，并以恋爱为界限"，否则只是浮于表面的"为金钱的婚姻""为面子的婚姻"。对于旧式婚姻中买卖婚姻、包办婚姻、媒人说合、烦琐复杂的婚礼仪式等诸多不合理的做法，他都明确主张"于今是该废去的了"②。后来，他甚至还将中国民律草案与俄国婚姻律作了对比，让人们看清旧式婚姻制度的种种弊病。

　　除了撰稿译文外，陈望道常常利用晚上时间前往平民女校授课。平民女校是中国共产党领导的第一个培养妇女干部的学校。1922年2月，陈独秀与李达商议下，经中华女界联合会会长徐宗汉同意，以中华女界联合会名义，在南成都路（今成都北路）辅德里632号A创办学校。按照陈独秀的初衷，学校要"做一个风雨晦冥中的晨鸡"③，造就一批有觉悟而无力求学的女子，"使其得谋生工具，养成自立精神"④。女学生们每天半日做工，半日读书，大量课程拓展了女子的眼界，提升了女性的觉悟。义务兼课的陈望道，通过

---

　　①详见陈望道：《妇女问题》，焦扬主编：《陈望道文存全编》第7卷，复旦大学出版社2021年版，第64页。

　　②陈望道：《我的婚姻问题观》，焦扬主编：《陈望道文存全编》第7卷，复旦大学出版社2021年版，第52页。

　　③陈独秀：《平民教育》，《妇女声》，1922年3月5日。

　　④《上海平民女学校招生》，《妇女声》，1992年2月10日。

列举现实案例，不断启发女校学生的觉悟，鼓动女生们联合起来，抵抗压迫阶级的剥削，共同追寻新的生活。陈望道讲的课在当时很受女学生欢迎，不少人受其影响相继走上了革命道路。当时有位名叫蒋冰之的女生，初到黄浦江畔求学，平时听课极为认真专注，革命意志也相当坚决，后来成长为知名的左翼作家——丁玲。在平民女校授课之余，陈望道还经常深入纺织、印染、邮电等行业女工居住较多的工厂开展工作，号召妇女们携起手来推翻不公平的旧制度，改变自身的前途命运。

陈望道对妇女解放的声援，绝不仅仅是在五四运动前后，还体现在其一生的实际践行中。诸如他回到家乡组织"青年同志会"，提倡"天足主义"；他向李登辉校长极力建议男女同校，见其因社会压力开始打退堂鼓时，故意刺激道："李校长，我看把咱们复旦大学改成复旦男子大学，与北京女子大学相呼应。"①在一番言语的刺激下，促使李登辉在复旦大学较早设置男女同校，并于1927年秋天正式招收女生；陈望道的外孙女杨若瑜在回忆时曾讲述了这样一个小细节。她说，小时候住在外公家的时候，每次外出"从学校到市里都是乘坐复旦大学的校车，每次上车外公都要先让外婆、妈妈和我坐好后他才坐下，一旦上来一位女士，他就会迅速站起来让座，哪怕还有其他空位，也是如此。"可以说，这些点滴之举都体现出陈望道对妇女地位的尊重与维护是言行一致、一以贯之的。

---

①邓伟志：《望老有关妇女问题的论断振聋发聩》，陈立民、萧思健主编：《千秋巨笔一代宗师——纪念陈望道先生诞辰120周年》，复旦大学出版社2013年版，第49页。

二访春晖

　　春晖中学是由浙江上虞开明乡绅陈春澜捐资兴建的私立学校，经亨颐于"一师风潮"后前往春晖中学担任校长。陈望道于1922年和1923年两度应邀前往。在风景秀丽的白马湖畔逗留了数十天，陈望道结交好友，游访讲学，传播进步思想，对这所新学校作了详尽考察。

　　"一师风潮"结束后，经亨颐前往上虞出任春晖中学校长。这是一所由浙江上虞开明乡绅陈春澜捐资兴建的私立学校，1922年秋在白马湖畔落成开学。学校校名中的"春晖"二字，出自孟郊的《游子吟》中"谁言寸草心，报得三春晖"一句，寄托了陈春澜振学育人的急迫之心。经亨颐担任校长期间，几乎把全部精力置于学校事务，从校舍选址勘测，到聘请专职教员，皆是亲力亲为。在《春晖中学计划书》里，经亨颐提出以"纯正的教育"一洗"铸型教育"①之积弊，并大力提倡实施"人格教育、英才教育、劳动的教育"。在经亨颐的感召下，夏丏尊、叶圣陶、丰子恺、朱自清等进步教员纷纷前往春晖中学任教，一时间群贤毕至，前来游访演讲者更是络绎不绝。陈望道就曾于1922年和1923年，两度应邀前往春晖中学游访讲学。

　　1922年7月31日时值暑假，学校尚未开学，在清风吹拂、蝉声嘈嘈中，陈望道捷足先登，到访春晖中学考察。当时负责接待陈望道的，正是他在浙江一师任教时的学生叶天底，两人还曾一同参与创建上海社会主义青年团。叶天底是在陈望道莅校当月，受聘到春晖中学任教，开始践行"乡村教育"的理想，同时他在当地传播马克思主义，推动建立了上虞地区第一个党组织。胡愈之后来盛赞叶天底，"当中国革命还十分艰难的日子里，就在这个地方，白马湖边上，有一位最可敬的英雄的革命青年曾经艰苦地生活，静默地工作，散播着最早的共产主义革命的种子。"②

---

　　①所谓"铸型教育"，就是教育原则故步不前，教育手段千篇一律，教育方法一成不变，教育对象不分差别，教育目标只顾眼前。
　　②胡愈之致春晖中学40周年校庆贺信，1961年11月14日。

　　在叶天底的陪同下，陈望道在风景秀丽的白马湖畔逗留了近20天，对这所新学校作了详尽考察，后来写成游记《从鸳鸯湖到白马湖》。春晖中学是一所私立的农村中学，占地约60余亩，位于象山脚下、白马湖畔，依山傍水，风景秀丽，犹如世外桃源。校舍不砌垣墙，建筑尽是西式洋房风格。蔡元培后来有一次到春晖中学演讲时就曾感叹，"羡慕诸君所入的学校有这样的好环境"①。经亨颐之所以将学校开办在僻静的乡村，一方面是为了让学校办学不再受制于官僚的压力和守旧势力的干涉，更重要的是他认为在这样的环境下，以美育培养人才，以美景陶冶心性，对于学生的修养最宜。陈望道对眼前的湖光山色大加赞赏，对校园设施建设也是啧啧称赞。据他观察，学校里面教学设施一应俱全，师生生活所需也都能逐一满足。学校里还有不少运动设施，各种球类和器械都已购置，连"健身房也正在计划中"②。更令陈望道欣喜的是，由他翻译的首个中文全译版的《共产党宣言》，被学校视为"做普通中国人所不可不读的书和做现代世界的人所不可不读的书"③，摆上图书馆书架的醒目位置，夏丏尊还将其列入学生必读书目。

　　在访问春晖中学期间，陈望道还结识了不少志同道合的朋友。他在游记中写道："因他们尽由同志集合，所以他们的性灵和我也容易投合；我们见面不过几小时，已像是久交的朋友了"④。此外，

　　①蔡元培：《在春晖中学演说词》，《春晖》第14期，1923年6月16日。

　　②陈望道：《从鹭鸶湖到白马湖》，焦扬主编：《陈望道文存全编》第8卷，复旦大学出版社2021年版，第183页。

　　③张彬主编：《浙江教育发展史》，浙江教育出版社2008年版，第309页。

　　④陈望道：《从鹭鸶湖到白马湖》，焦扬主编：《陈望道文存全编》第8卷，复旦大学出版社2021年版，第183页。

陈望道在上虞期间还曾受邀参加"上虞女界同志会"的成立大会。当时，正在筹备召开成立大会的"上虞女界同志会"，因听闻陈望道莅临上虞，特邀他出席成立大会并发表演讲。素来提倡妇女解放的陈望道，欣然应邀前往。出发前，陈望道在给邵力子的信中写道，"女性觉醒的辉光到处闪烁，我心里的喜悦先生可以推知了"①。8月末，陈望道计划结束首次春晖之行，返回上海。在临行前，颇为重视女性教育的陈望道，还就春晖中学承诺"男女生并收"，却在招生广告中说"女寄宿舍未成立以前，暂不收女生"一事与校方商榷。陈望道认为如此必然会伤害女生的心理期望，提议春晖中学尽快招收女生，将男生自修室划出一部分给附属高小，将附属高小的用屋改作女生宿舍。②在陈望道的积极推动下，春晖中学于1923年2月首开浙江全省男女同校之先河。

约一年后的暑期，春晖中学同鄞县、绍县、余姚、萧山和上虞五县教育会共同发起"白马湖夏季教育讲习会"③，陈望道再次受邀莅校讲演，一同应邀的还有黎锦晖、舒新城和黄炎培等人。他们被聘为讲习会的长期讲师。陈望道在讲习会上作了题为"国语教授资料"的讲演，讲演不只是面向本校师生，还面向师范毕业生、热心研究教育者，以及当地广大民众。这也恰好符合春晖中学的教育理念，既要请学生走进来接受教育，又要请教师走出去开展平民教育，"感化乡村"。据记载，讲习会有男女听讲员一百八十余人，

---

①陈望道：《女性觉醒的辉光》，焦扬主编：《陈望道文存全编》第8卷，复旦大学出版社2021年版，第249页。

②陈望道：《从鹭鸶湖到白马湖》，焦扬主编：《陈望道文存全编》第8卷，复旦大学出版社2021年版，第184页。

③《夏期教育讲习会筹备事项续记》，《春晖》第十五期，1923年7月1日。

年龄最小的是十四岁，最大的是五十六岁。

　　1925年春，匡互生、夏丏尊、丰子恺等春晖中学的一批教员，因与学校实际掌权人在办学思想上的不合，相继辞职离校，并前往上海江湾租地筹建立达学园①，继续践行教育理想。"立达"两字取自《论语》中的"己欲立而立人，己欲达而达人"之意。立达学园不设校长、主任等职位，奉行"爱的教育"，师生关系互敬互爱、欣合无间，一定程度上延续了春晖中学的教育理念和宗旨。适时，陈望道正执教于江湾复旦大学，距离立达学园很近，因赞同立达学园的教育宗旨，亦慕名前来授课。

---

　　①由立达学会发起创建，起初命名为"立达中学"，后改名为"立达学园"。匡互生认为，"学园"二字更能体现教育的真义，犹如园艺家培植花木，教育是为了让受教育者自由发展。

执教上大

　　1923年，陈望道前往上海大学任教，后接任代理校长并兼学务长，实际主持校务工作。时值上海爆发震惊中外的五卅惨案，陈望道带领上海大学师生投身五卅反帝爱国斗争。面对帝国主义的武力镇压，上海大学师生毫不惧怕，即便校址被毁，陈望道依然苦撑危局，直至四一二反革命政变后，学校再次被强行解散。

1923年，陈望道偶然间收到一张匿名字条。字条上写着："望道兄：上大请你负责，凡是需要同志们做的，你都提出来好了"①，落款为"知名"，预示着收件人能够知晓字条出自谁手。果不其然，陈望道根据字迹，一眼辨识出字条乃陈独秀所写。面对陈独秀代表党组织出面邀约，向来乐教爱生的陈望道毫不犹豫，欣然允命，立刻赶赴上海大学任教。

上海大学是第一次国共合作时期，由国共两党合作创办的培养革命人才的正规学府，同广州的黄埔军校共同被誉为"文有上大，武有黄埔"。其前身为1922年王理堂创办的私立东南高等师范学校。想着借机发财牟利的王理堂在学校开办不久，便挪用学膳费潜逃日本，致使办学陷入停顿。面临失学的学生们为继续学业，自主发起"倒王风潮"，并找到邵力子向他寻求帮助。邵力子经与陈独秀商量认为"请国民党出面办这学校于学校的发展有利，且筹款也方便些"。于是，他便告诉学生"应由他们派代表请于右任出来担任校长，改名为上海大学"②。1922年10月23日，改组后的上海大学正式创办。

陈望道与上海大学的渊源颇深。王理堂早在创校之初，便登广告大肆宣扬陈独秀、陈望道等名人和学者在校任教，以招揽学生慕名就读此校。1923年5月3日，上海大学还曾聘请陈望道到校讲授美学。③1923年秋，陈望道受命正式前往上海大学执教。当

①陈望道：《回忆中共成立前的一些情况》，焦扬主编：《陈望道文存全编》第7卷，复旦大学2021年版，第301页。

②茅盾：《我走过的道路》，茅盾：《茅盾全集》第34卷，人民文学出版社2001年版，第250-251页。

③上海市委党史征集委员会主编，王家贵、蔡锡瑶编著：《上海大学 1922-1927》，上海社会科学院出版社1986年版，第121页。

时的上海大学，名义上由于右任出任校长，但只是挂名而已，实际上学校事务全由共产党人主持。陈独秀委派陈望道来执教上大，也是有意加强学校的进步力量。在共产党实际领导校务工作下，学校呈现鲜明特点，诸如着重学习马克思主义理论相关课程，任课教授主要是中共党员，部分是党外专家等等[①]。

陈望道先是任中国文学系主任。在他的主持下，全系民主氛围浓厚，学风踏实严谨，学术活动非常活跃，会聚了一批年富力强的青年教师。陈望道精心设置课程安排，充分发挥教师们研究专长，主导开设了国文名著选读（群经诸子）、诗词、戏曲、小说等课程。譬如，刘大白讲中国文学史，沈雁冰讲欧洲文学史，俞平伯讲古诗词，田汉讲近代戏剧，叶楚伧讲诗歌，而陈望道则亲自讲授修辞学、美学、文法研究等相关课程。作为学生的施蛰存后来回忆，这些老师的言论风采和思想魅力，给他留下了"至今忘不掉的印象"。

除了专业授课外，陈望道还承担着大量校务工作。据1923年《时报》记载，8月8日正午，陈望道等九人被推选为上海大学教职员评议会的评议员，这是学校最高行政会议，经常会对学校重大事项进行决策。1924年，陈望道又先后被推选为"上大丛书"审查会委员、教育系筹备员、校刊编辑主任、《上海大学一览》编辑、扩充图书馆筹备员。任劳任怨的他，为上海大学的建设和发展倾注了心血和汗水。1925年5月，由于邓中夏和恽代英先后调离上海，陈望道接任代理校长并兼任学务长[②]，开始实际主持学校工作。

---

①乐嗣炳、杨景昭：《怀念陈望道教授》，上海鲁迅纪念馆编：《陈望道先生纪念集》，复旦大学出版社2006年，第56页。

②周维强认为陈望道1925年兼任上海大学"教务长"应为"学务长"，"教务长"时由施存统担任。参见周维强：《太白之风——陈望道传》，浙江人民出版社2006年版，第65-66页。

在陈望道上任不久后，上海爆发了震惊中外的五卅惨案。5月30日在一次游行示威活动中，租界巡捕在南京路上逮捕100多人，并向密集的游行群众开枪射击。帝国主义的屠杀，点燃了中国人民郁积已久的仇恨怒火。在中国共产党的号召下，各地学生、工人、商人和各界群众当即发动起声势浩大的五卅运动，并迅速以燎原之势席卷全国。共产党领导下的上海大学师生参与了运动发动到展开的全过程。尤其当年仅23岁的上海大学学子何秉彝肺部中弹，壮烈牺牲，更是激发了广大师生投入反帝斗争的坚强意志。陈望道在晚年依稀记得，位于西摩路（今陕西北路）的上海大学是五卅运动的策源地，"当时有一个大幅标语从三楼悬挂到楼下"[①]。在帝国主义看来，引发此次"骚乱"的学生皆来自上海大学这所"赤色大本营"[②]，必欲除之而后快。于是6月，英国出动海军陆战队强行武装占领上海大学校舍，蛮横解散学校并逼迫师生离开。陈望道在学校转移迁徙过程中紧急召开师生大会，针对学校被迫停顿一事商讨对策，大会推陈望道、施存统起草宣言以昭告上大被解散的经过。陈望道和施存统在《上大全体宣言》中猛烈抨击帝国主义借端枪杀上海大学学生十余人的暴行，强烈谴责帝国主义强占上海大学的无耻行径。

面对帝国主义的武力镇压，上海大学师生尽管毫不惧怕，但原有校址还是被毁，必须寻找新址重新复学。陈望道苦撑危局，为筹建新校舍，四处奔走勘察，筹措资金，甚至代表学校向私商借贷款

---

① 卢康华：《新发现的陈望道访问记录》，《澎湃新闻·上海书评》，2017年12月5日。
② 许德良：《"五卅"运动与上海大学》，《文史资料选辑》1978年第2辑。

项，只为让学生尽快重返校园。1927 年春，上海大学新校舍终于在江湾镇西边竣工。3 月 27 日起，陈望道署名上海大学行政委员会主席，偕同上海大学附属中学主任侯绍裘，连续多天在《申报》发布《上海大学暨附属中学开课招生通告》，对外宣布新校舍落成，并定于 4 月 1 日起正式复课。

不料新校址落成不久，蒋介石公开背叛革命，发动四一二反革命政变，大肆抓捕和屠戮共产党员和国民党左派。对于上海大学，蒋介石同样不留情面，勒令查封学校，部分师生遭到迫害。1927 年 5 月，学校再次被强行解散，新校舍在 5 月 4 日被国民党军白崇禧部驻扎。陈望道为上海大学重新拾起的希望之光，还没等点亮，就再次被国民党掐灭了。陈望道当时是何心境，失望难免会有，甚至还夹杂着无助与痛心。曾任上海大学附中教务主任的钟伯庸回忆道，刘大白曾对陈望道说："上大遭封闭了，但是只要你肯代表学校向国民党低头，向国民党保证，以后永远不违背国民党的意旨，上大就可启封了。"陈望道当即愤怒地回答道："我决不向国民党低头！"当反革命的铡刀即将落下时，信仰至少能支撑一个人不轻易倒下，陈望道没有委曲求全，没有倒下。

1927 年 5 月，《申报》报道称，陈望道和上海大学行政委员会新任临时主席谢六逸在谢的住处交接工作，点交各种契约文件，以及现洋账目等，协助行政委员会做好封校善后事宜。至此，陈望道正式告别上海大学。

主事艺大

　　1929年，在冯雪峰和夏衍出面邀请下，陈望道正式出任改组后的中华艺术大学校长。这所艺术学府在陈望道的主持下，培养了不少进步师生和左翼文化人士，一时成为"自由园地、民主学府"和左翼文化运动的坚强堡垒。

"三月三日，星期日，下午二时，中华艺大有一个文艺家的集会。"①这是进步刊物《出版月刊》1930 年第 3 期登载的《左翼作家联盟成立大会旁听记》的消息。报道中所谓的"文艺家的集会"就是指中国左翼作家联盟（简称"左联"）成立大会。这次会议的召开宣告了中国共产党领导的首个革命文化团体正式诞生，实现了以鲁迅为首的一大批左翼文化界精英的大团结。在他们的推动下，中国革命文化的总体格局和未来走向发生剧烈变化。尽管"左联"在中国现代文学史上留有光辉一笔，但在很长一段时间内，人们都没能真正搞清楚"左联"诞生的地方究竟是哪里。直至 1988 年，在亲历"左联"成立大会的许幸之的帮助下，经过反复考证、照片比对和现场勘察，才确认"左联"成立大会"是在中华艺大楼下中厅召开"②。许幸之所说的"中华艺大"，即中华艺术大学的简称，他曾在这所学校担任西洋画科主任。"左联"成立大会之所以在中华艺术大学召开，则与陈望道主事中华艺术大学有着密切关联。

中华艺术大学最早可以追溯到吴梦非、刘质平、丰子恺在 1919 年 6 月创办的上海艺术师范专科学校。这是中国现代艺术教育史上第一所规模较大且正规的艺术专科师范学校。陈望道与中华艺术大学最早的联系其实也可以追溯到这所学校。据 1923 年 6 月 1 日《申报》刊载，东方艺术研究会拟利用暑期与上海专科学校合办暑期学校。学科分绘画、音乐、塑造三组。此外，暑期学校

---

①《左翼作家联盟成立大会旁听记》，《出版月刊》1930 年第 3 期。
②许幸之：《关于"中华艺大"校址和"左联"成立大会会址》，中国左翼作家联盟成立大会会址纪念馆、上海鲁迅纪念馆编：《左联纪念集（1930-1990）》，上海：百家出版社，1990 年，第 152 页。

拟请吕澄、陈望道两君演讲美学、艺术学及艺术教育。此处提及的"上海专科学校"就是上海艺术师范专科学校。学校创始人刘质平和丰子恺都毕业于浙江一师，与曾在浙江一师任教的陈望道有着一定的学缘，加之陈望道在文艺美学领域颇有造诣，故邀请陈望道到校演讲不无可能。

上海艺术师范专科学校在 1923 年更名为"上海艺术师范大学"，1925 年又与"东方艺术专门学校"①合并组建"上海艺术大学"，即中华艺术大学的前身。"上海艺术大学"以培养艺术师资为宗旨，设有绘画、音乐、艺术教育等系，初期由吴稚晖任校长，后由周勤豪任校长。根据《申报》《时事新报》记载，1925 年 7 月 18 日下午 2 时，在辣菲德路（今复兴中路）开会欢迎新校长吴稚晖，陈望道代表全体教职员对新校长的到来表示欢迎。可见，陈望道当时已是上海艺术大学的重要人物。1925 年，因学校内部派系斗争激烈而爆发风潮，一批进步学生建议由陈望道出面主事、另组新校，这才有了中华艺术大学。

1925 年 12 月 30 日，《申报》《民国日报》《时报》《新闻报》等多家报纸登载了《中华艺术大学成立宣言》。一日后，中华艺术大学正式开课，校址最初设在闸北青云路②。1926 年 1 月 15 日，《申报》还刊登中华艺术大学招生广告一则。根据招生广告可知，学校设有绘画科西洋画系、艺术教育科、图画音乐系、图画手工系、文

---

① 1922 年，周勤豪、陈晓江等人发起创办东方艺术研究会，开展绘画创作和学术活动，至 1924 年改名为东方艺术专门学校。
② 乔丽华：《中华艺大史实续探》，《上海鲁迅研究（2016 夏）》，上海社会科学院出版社 2017 年版，第 72 页。

学科中国文学系，陈望道任中国文学系主任、校行政委员等职。当时，学校不设校长而以行政委员会治校，学生推定陈望道领衔，故招生广告落款处，陈望道位列行政委员名单之首。在陈望道领衔的行政委员会治理下，这一时期的中华艺术大学荟萃了当时上海滩最具影响力的一批艺术教育家，学校艺术氛围浓厚，创作空前活跃，师生们因学术信仰走到一起，共谋"艺术自身的发展"和"艺术教育的光明"。在1926年《寰球学生会特刊》发布的《上海著名大学调查录》中，中华艺术大学名列第五。曾任校行政委员的陈抱一评价道，"中华艺大的风气，却被认为是当时一种进展的革新主潮"[1]。

然而好景不长，中华艺术大学受教员流失等影响，面临经营窘境，校务运作困难。与此同时，根据现实革命斗争形势的需要和党对文艺战线领导权的认识深化，由周恩来等领导且在"地下"工作的中央文委为发展左翼文化事业，培养进步艺术人才，秘密委派夏衍等一批党员干部入职中华艺术大学，使得中华艺术大学再次实现改组，成为中国共产党实际领导的一所艺术大学。[2]1929年下半年，学校迁入窦乐安路（今多伦路）233号的一座三层小洋楼。由于学校为经济状况所限，教学设施相对简朴，尽管"表面上自然不能和那些富丽堂皇的国立大学相比，但实质上却远远超过那些官办大学"[3]。尤其是在师资声望和教学内容上，除专任和兼任师资外，还邀请社

---

[1]陈抱一：《洋画运动过程略记》，素颐编：《民国美术思潮论集》，上海书画出版社2014年版，第517页。

[2]参见周晔：《陈望道与"新旧"中华艺术大学考》，《文汇报》2023年12月10日。

[3]许幸之：《关于"中华艺大"校址和"左联"成立大会会址》，中国左翼作家联盟成立大会会址纪念馆、上海鲁迅纪念馆编：《左联纪念集（1930-1990）》，百家出版社1990年版，第148页。

会名流、艺术名家前来作专题演讲，鲁迅曾多次受邀作报告。

而在选定校务负责人时，党组织经过审慎考虑后决定聘请陈望道任该校校长。原因有三方面：其一，党组织高度信任陈望道，他是中国共产党早期成员，资格老且久经考验；其二，改组前的中华艺术大学就由陈望道主持工作，对校情校务十分熟稔，同时陈望道深受师生的爱戴和信任，聘请他担任校长是众望所归；其三，陈望道在艺术方面成就斐然，尤其是 1927 年出版的《美学概论》是中国近代美学史上较早的一部系统的美学理论专著，因此在学术上同样能够服众。1929 年，在地下党闸北小组的负责人冯雪峰和夏衍①出面邀请下，陈望道正式出任改组后的中华艺术大学校长。

陈望道赴任后，全身心投入艺术教育事业，未曾让党组织失望。他主持下的中华艺术大学，培养了不少进步师生和左翼文化人士，学校也逐渐成为左翼文化运动的一个坚强堡垒。1930 年，"左联"成立大会在中华艺术大学内召开。尤其是大革命失败后，举行三四十人以上集会变得异常困难时，中华艺术大学为"左联""社联""美联""剧联"等左翼组织开展活动提供了重要据点，一时成为"自由园地、民主学府"②。学校的部分进步师生也成为这些组织的核心成员，这无疑是得到了陈望道的默许和支持的。

随着左翼文化运动蓬勃开展，中华艺术大学也开始遭到国民党

---

① 冯雪峰是陈望道的同乡暨学生，夏衍也曾在读书期间参与"浙江一师风潮"引发的学生运动。二人与陈望道均素有交集。

② 许幸之：《关于"中华艺大"校址和"左联"成立大会会址》，中国左翼作家联盟成立大会会址纪念馆、上海鲁迅纪念馆编：《左联纪念集（1930-1990）》，百家出版社 1990年版，第 148 页。

反动派的嫉恨和仇视。1930 年 5 月 24 日，在遭到反动军警严密搜查后，学校大门被封闭，36 名教职员工和学生被逮捕。面对学校被封，师生都感到非常愤怒，但他们不畏强暴，成立护校委员会，还在纪念"五卅"运动的示威游行后，自行启封并发表启封布告。然而，在国民党文化"围剿"的大背景下，学校终究难逃停办厄运①。从此，陈望道领导的这所新兴的、进步的、向往自由与民主、向往共产主义理想的艺术学府，不得不以短暂的生命而告终，但它在中国"左翼"文化运动史和艺术教育史上必将留下浓墨重彩的一笔。

---

① 中华艺术大学被封后，党组织利用学校剩余经费和人员，又在租界内短暂开办了暑期文艺补习班和现代学艺研究所，成为了中华艺术大学的延续。参见乔丽华：《中华艺大史实续探》，《上海鲁迅研究（2016 夏）》，上海社会科学院出版社 2017 年版，第 76-80 页。

筹办书铺

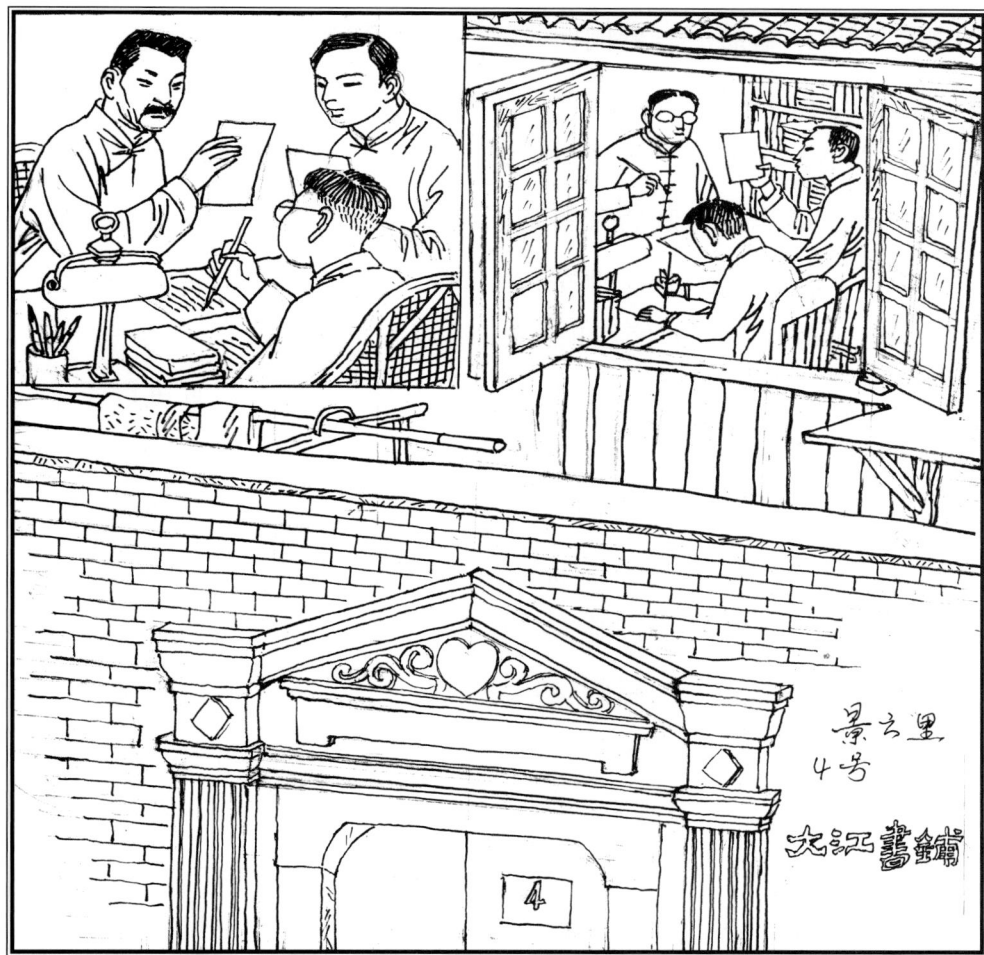

　　1928年，受文人创办书局风潮的影响，陈望道萌生创办书铺的想法。他经与汪馥泉、施存统、冯三昧等人合股，创办大江书铺。作为传播左翼文艺理论的重要阵地，大江书铺前后持续五年半的时间，虽是昙花一现，但其出版大量左翼进步文化的著作和译作深得读书界之赞许。

上海是中国近现代出版业的发源地和中心。20 世纪 20 至 30 年代，上海的出版业更是欣欣向荣，迎来发展高峰期。当时，全国实力最为强劲的商务印书馆、中华书局、世界书局、大东书局、开明书店均落户上海。与此同时，各地知识分子为摆脱资本家和书商剥削，也纷纷结团创办新式书局，形成了文人创办书局的新风潮①。

受"小书店如毛"的风气影响，陈望道也萌生了创办书铺以发展革命文化的想法，并将此告知《南洋日报》编辑汪馥泉。汪馥泉曾就读于浙江公立甲种工业学校，与陈望道有师生之谊。从 1928 年 1 月起，两人多次书信往来，决心"要办一家像像样样的书店"②。信件中，两人还就书铺方针、经营以及名称等筹办事宜进行深入交流。同年 8 月下旬，汪馥泉从南洋回到国内，并于次月会同陈望道、施存统、冯三昧等人合股创办大江书铺，最初地址设在横浜路 35 弄的景云里 4 号，定位为传播科学、思想、文艺的机构。《申报》曾如是评价大江书铺的创始人，认为"他们都是在文坛上在努力的人，努力不懈的人大约感到青年底智识荒，青年太苦闷了吧，所以站出来了"③。《时事新报》也认为大江书铺是"新成立书肆中的最有希望者"④。

大江书铺是一家小型出版机构，集出版和发行于一体，这在当时是一种极其普遍的现象。当年在上海稍有影响的书局，都会出版一种或数种图书杂志，与书局经营互为支撑。陈望道、施存统就曾

---

① 俞宽宏：《鲁迅、陈望道于大江书铺关系考论》，《中国出版史研究》2023 年第 2 期。
② 曹聚仁：《大江书铺》，《曹聚仁书话》，北京出版社 1998 年版，第 192 页。
③《大江书铺》，《申报》，1928 年 10 月 28 日。
④《介绍大江月刊》，《时事新报》，1928 年 11 月 4 日。

雄心万丈地设想，"编刊第一流著作，和开明、北新鼎足而三"①，甚至通过"质上量上的努力竞胜它"②。为此，陈望道凭借其在文化界的颇高声望，自带强大的组稿能力，为书铺招揽了一批健于作文译文的骨干供稿，还特地邀请施存统主持编辑部具体工作。《申报》曾刊载，在大江书铺开张当月，曾假座爱多亚路（今延安东路）都益处，宴请数十位文艺家③，显示了书铺雄厚的学术人脉资源。鲁迅对大江书铺也给予鼎力支持。当时，鲁迅所住的景云里与大江书铺相距不远，从《鲁迅日记》中可见鲁迅当时与陈望道交往十分频繁，常常对书铺的筹备和运作给予支持。例如，大江书铺创办的《大江月刊》，前后仅出版3期，上面就发表了鲁迅大量具有鲜明进步倾向的译作。这些文章"在同形形色色的资产阶级文艺思想的论战中……发挥了积极的战斗作用"④。

陈望道曾回忆说："一九二九、三〇年间，我在大江书铺担任过一点编辑工作。"⑤在他的掌舵下，大江书铺以出版学术著作为主，发行了不少"社会科学文艺的重要著作"，"销行得很不错⑥，在社会上产生不小的影响力。陈望道的《修辞学发凡》、刘大白的《中

①曹聚仁：《法学士陈望道》，《文坛三忆》，生活·读书·新知三联书店1999年版，第31页。

②陈望道：《致汪馥泉（四则）》，焦扬主编：《陈望道文存全编》第8卷，复旦大学出版社2021年版，第258页。

③《大江书铺昨日宴客》，《申报》，1928年9月10日。

④陈望道：《关于鲁迅先生的片断回忆》，焦扬主编：《陈望道文存全编》第7卷，复旦大学出版社2021年，第322页。

⑤陈望道：《关于鲁迅先生的片断回忆》，焦扬主编：《陈望道文存全编》第7卷，复旦大学出版社2021年，第322页。

⑥曹聚仁：《大江书铺》，《曹聚仁书话》，北京出版社1998年版，第192页。

国文学史》、丰子恺的《音乐概论》、茅盾的《野蔷薇》，以及陈望道译的《艺术简论》、沈端先译的《母亲》、施存统译的《世界史纲》《经济史纲》、谢六逸译的《日本近代小品文选》、汪静之译的《父与女》等一大批著作和译作都由大江书铺出版发行。此外，作为传播左翼文艺理论的重要阵地，大江书铺也最早在国内出版以唯物史观研究文艺理论的译著。陈望道就亲自着手编辑出版《文艺理论小丛书》和《艺术理论丛书》，还恳请鲁迅为大江书铺主编《文艺研究》季刊。鲁迅对此爽快地应承下来，最终成就了国内第一本研究无产阶级文艺理论的刊物①。

1929 年，大江书铺创办一年多后，各项业务逐渐步入正轨，在上海书店业界站稳了脚跟。后来，随着扩股增资，书铺原址不敷应用，先迁至狄思威路（今溧阳路）麦加里 973 号临街洋房，后又搬至五马路（今广东路）。几次搬迁后，大江书铺的位置越发优越，经济效益也随之蒸蒸日上。而就在生意刚刚有了起色的时候，一二八淞沪抗战爆发，上海书业整体形势日渐颓败，大江书铺的经营也开始走下坡路。更要紧的是，1933 年夏天，陈望道因接受安徽大学中文系主任周予同的聘请，前往安徽大学任教，无暇顾及书铺事务，大江书铺因此一下子失去了领航人。

当然，大江书铺陷入困局，不仅仅是因为陈望道的离开，其实还有着更深层次的原因。一方面是书铺经营不善，缺少专业管理人才。曹聚仁曾说："白纸黑字是一件事；销行开去又是一件事；能

---

① 《文艺研究》因创刊号发表文章带有鲜明无产阶级立场，出版一期便被反动当局查封。

把客户的书账收回来又是一件事。"①显然，"不重念生意经"②的陈望道，在编辑出版业务上自然是行家里手，但对于销售和回账不过只是个门外汉而已。因此，大江书铺"资本补充，周转不灵"③，处境愈发堪忧，难以再继续维持下去。另一方面则是反动势力的围堵和打压。国民党对左翼书刊态度恶劣，在1929年6月公布的《取缔销售共产书籍办法》及其通令中明确指出，沪上发现共产党的有关刊物颇多，应严密查禁，并命令上海市政府随时注意检查上海各书店销售的书籍。站在左翼文化运动最前线的大江书铺自然也遭到了反动当局嫉恨，一批左翼作家的作品被国民党上海市党部查禁。例如，鲁迅译的《毁灭》和曹靖华译的《铁流》，一经出版便被查禁，连成本都难以收回。此外，陈望道与其他股东意见不合也是重要原因。

最终，在1934年5月20日，大江书铺召开了最后一次股东临时大会后便关门歇业，其全部资产包括存书一起折价盘给了开明书店。大江书铺前后持续了五年半的时间，虽说是昙花一现，但其出版大量左翼进步文化的著作和译作，"深得读书界之赞许"④，有些书籍至今仍堪称经典。

①曹聚仁：《大江书铺》，《曹聚仁书话》，北京出版社1998年版，第193页。
②曹聚仁：《大江书铺》，《曹聚仁书话》，北京出版社1998年版，第192页。
③《大江书铺出盘》，《社会新闻》，1934年第7卷第4期。
④《大江书铺廉价讯》，《时事新报》（上海），1934年2月26日。

修辞发凡

　　1932 年，陈望道的《修辞学发凡》一书首次出版。此书秉持着择善而从的胸怀格局和实事求是的科学态度，在中外修辞学说竞争中建立起了一个崭新的修辞学体系。历经岁月淘洗，承载和饱含着陈望道数十年心血的《修辞学发凡》仍堪称经典。

"中国人在说话的时候，修了几百万年的辞，并且在作文的时候，也已经修了几千年的辞，可是一竟并不曾知道有所谓有系统的修辞学。直到一九三二年，陈望道先生底《修辞学发凡》出来，才得有中国第一部有系统的兼顾古话文今话文的修辞学书。"①

这是陈望道《修辞学发凡》在 1932 年初次出版时，刘大白为之写下的序言中的一段文字。这位当年与陈望道同为浙江一师"四大金刚"之一的文化健将，此时已经卧病在床半年有余，然而就在生命即将走到终点时，他仍不顾病躯，坚持以口授的方式，让儿子记录下这篇序言，以此纪念他与陈望道"笃厚的友谊"，更以此确认《修辞学发凡》"在中国文学史上价值底崇高，位置底重要"②。看到刘大白口述的序言后，陈望道也在后记中动情地说道，正是在刘大白等亲友的鼓励和帮助下，他对修辞学的兴趣才重新被鼓舞起来。

陈望道与修辞学的结缘，最早可以追溯到留学日本期间。彼时日本的修辞学研究方兴未艾，多位造诣精深的修辞学家集中在早稻田大学执教。耳濡目染下，陈望道钻研修辞的兴趣被激发。1920年 9 月，进入复旦大学任教的陈望道，就在中文系开设了修辞学课程。一方面，据他回忆："许多学生不会写文章，问我文章怎么做，许多翻译文章翻得很生硬，于是逼着我研究修辞。"③另一方

---

①刘大白：《初版刘序》，《修辞学发凡》，复旦大学出版社 2021 年，第 226 页。
②刘大白：《初版刘序》，《修辞学发凡》，复旦大学出版社 2021 年，第 226 页。
③陈望道：《修辞学中的几个问题》，《陈望道语文论集》，上海教育出版社 1980 年，第 620 页。

面，他还听到有人说"中国语文没有规则，比外国语文低一等"①，为了出一口气，陈望道下定决心，以建立中国的科学的修辞学为毕生努力的方向。②在学术理想与教学需要的双重推动下，陈望道立下"发凡起例"的志业和雄心，很快便在 1923 年完成课程讲义，先后至少五次以油印本行世③，还曾被田汉、汪馥泉、冯三昧、章铁民等人用来作为教材试教，颇受师生好评。到了 1932 年，因保护进步学生而被迫蛰居的陈望道，终于腾出时间，将十年间不断打磨的讲义作进一步扩充修订，最终精益求精、数易其稿，21 万余字的书正式由大江书铺出版。

所谓"发凡"，就是揭示要旨。在《修辞学发凡》首版 30 年后的 1962 年，陈望道再次提及写作该书的企图，就是"除了想说述当时所有的修辞现象之外"，破除"当时正在社会的保守落后方面流行的一些偏见"，并"运用修辞理论为当时的文艺运动尽一臂之力。"④当时，修辞学在中国刚刚走过萌芽阶段，逐渐开始成为一门独立的学科。但是相关研究仍然薄弱而杂乱，处于一个"中外修辞学说竞争时期"。有的学者"据外论中"，直接照搬外国同类书籍的理论，把汉语的例子按式填进去；有的则是"据古论今"，

①据陈望道 1962 年 11 月 19 日在复旦大学语言研究室的讲话，转引自宗廷虎、李金苓：《中国修辞学通史》（近现代卷），吉林教育出版社 1998 年版，第 405 页。

②参见吴文祺：《纪念陈望道先生及其〈修辞学发凡〉出版五十周年》，载复旦大学语言研究室编：《〈修辞学发凡〉与中国修辞学：纪念〈修辞学发凡〉出版五十周年》，复旦大学出版社 1983 年，第 3 页。

③乐嗣炳教授曾回忆，先后收到五次陈望道《修辞学发凡》油印稿本，最后还收到一次油印通信以征求意见。参见陈振新：《〈修辞学发凡〉背后的故事》，《文汇报》，2017 年 12 月 24 日。

④陈望道：《修辞学发凡》，复旦大学出版社 2021 年，第 235 页。

墨守古人陈言，忽视修辞随时代发展而发展的现象，甚至认为白话文根本无所谓修辞，借机提倡复古存文。陈望道反对这种机械模仿或抱残守缺的做法，素来主张对于古今中外的各种修辞学理论和论著，都只能视作参考和佐证，还"应当切实负责地寻求各种眼见耳闻的修辞事实来逐一加以观察分析"①。而在这过程中就是要做"新的古今中外派"，要"一只手向古代要东西，一只手向外国要东西"②，既批判继承古代遗产，又注意汲取国外学术的先进部分。在择善而从的胸怀格局和实事求是的科学态度下，陈望道凭一己之力"将修辞学的经界略略画清，又将若干不切合实际的古来定见带便指破"③。

陈望道忠实地恪守着自己的学术原则，为了写好《修辞学发凡》，倾注了大量的心血。除了忙碌于教室、讲台、黑板粉笔间，陈望道利用一切余暇时间投入修辞学研究。有时候为了明确一种提法，他可以同刘大白、乐嗣炳讨论到深夜。有时候为了处理一种辞格，搜求一个例证，他可以整夜不睡觉。还有的时候为了明确一段引文的上下文，或要证明著者所引有没有错误，陈望道也一定根寻原书，如果手头没有原书，他就到书肆或各处图书馆中去搜求。到了借无可借，买无可买的时候，他还要向相识的友人，多方面地探询，直到搜求到此书为止。④据统计，《修辞学发凡》一书共"搜集我国古今几百位作家的例句800多条，精选了100多位作家和

---

①参见陈望道：《修辞学发凡》，复旦大学出版社2021年，第225页。
②陈望道：《陈望道语文论集》，上海教育出版社1980年版，第633页。
③陈望道：《初版后记》，《修辞学发凡》，复旦大学出版社2021年，第231页。
④刘大白：《初版刘序》，《修辞学发凡》，复旦大学出版社2021年，第228页。

学者的修辞理论 170 段，概括出各种修辞方式 38 个"①当然，但凡发现有更佳的例证，陈望道也会毫不犹豫地将原先费力收集到的例证替换掉。对于一些错误和纰漏，陈望道也会一遍遍不厌其烦地加以修订更正。

十年磨一剑，《修辞学发凡》的出版，建立起了一个崭新的修辞学体系，对半个多世纪来中国的修辞学研究产生了不可估量的影响。陈望道也因此被盛誉为"中国有史以来最伟大的修辞学家"②。语文教育家叶圣陶评价该书"这是近年来的好书。有了这部书，修辞法上的问题差不多都已头头是道地解决了。"③而在《修辞学发凡》首版十余年后，上海《大公报》上发表过一篇署名虚湜的文章，也对该书大加赞美，称"这部书在中国的修辞学部门，的确有其不可磨灭的功绩。其搜罗的广博，论断的精详，迥非一些一知半解的修辞学论者所可企及。现在各大学的文学系，差不多没有一处不用这书作课本，其成就则可想而知了"④。甚至到 20 世纪 50 年代，在修辞学教材不断涌现时，陈望道的《修辞学发凡》依然被台湾地区的一些高校用作专门教材⑤。历经岁月淘洗，《修辞学发凡》堪称现代修辞学史上的重要里程碑。

1949 年上海解放前夕，复旦大学新闻系师生为陈望道举办执

---

①潘晓东：《学习望老 继往开来》，复旦大学语言文学研究所编：《陈望道先生诞辰一百周年纪念文集》，学林出版社 1992 年版，第 94 页。

②日本东京早稻田大学研究院客座教授郑子瑜评价。

③叶圣陶：《关于〈国文八百课〉》，中国教育科学研究院编：《叶圣陶语文教育论集》，科学出版社 2015 年版，第 134 页。

④转引自邓明以：《陈望道传》，复旦大学出版社 2005 年版，第 219 页。

⑤由于陈望道翻译《共产党宣言》被台湾当局视为危险人物，为避开出版检查，翻印时将《修辞学发凡》更名为《修辞学释例》出版，陈望道的名字也被隐去。

教 30 周年暨 59 周岁寿辰，当师生们谈及陈望道在修辞学上的成就时，他却谦逊地说："我不过是在纸头上呐喊呐喊而已，这种呐喊不过是催促生命早点降生。我不过是听从时代的召唤，喊了几声，实在谈不上什么贡献。"① 如今，距离《修辞学发凡》首版已过去 90 余个春秋，中国的修辞学研究已经取得了长足进步，然而当我们沿着学术史溯流而上，仍然能够清晰地听见，那一声声呐喊，仍在源头活水处，指引着前行的路。

---

①葛克雄：《茶馆的盛会——陈望道执教三十周年》，原件存复旦校史室，转引自邓明以：《陈望道传》，复旦大学出版社 2005 年版，第 223 页。

安庆讲学

  1933 年，陈望道受邀赴省立安徽大学教授文学理论、修辞学等课程。期间陈望道多次面向师生公开演讲，激发师生改造中国现实的志向和抱负。然而，在反动当局的高压统治和严厉监视下，陈望道无奈沉闷环境的包围而心生辞念，结束了在安庆短暂的执教生涯。

1933 年，反动报纸《社会新闻》上刊出一则惊人消息："共产党宣言译者陈望道，因宣传赤化被复旦当局赶走后，在沪除任大江书铺总编辑外，专作秘密工作。近被安徽大学聘为文学教授，已走马上任，陈实负有共党文化指导工作，素称稳健之安大，亦将染有赤水矣。"①这是反动当局听闻陈望道将受邀前往安大任教的风声后，从中作梗而炮制出的一则负面新闻，企图将其大肆渲染后离间其与学校之间的关系。据陈望道后来回忆："我到安大，'新闻'已经先我而到。"②幸亏学校方面没有听信谣言，非但表示"不怕"并执意让陈望道到校任教。

这则新闻中提及的省立安徽大学创立于 1928 年 4 月。其前身可以追溯到敬敷书院，历经安徽大学堂、安徽高等学堂、安徽武备学堂、安徽公立法政专门学校等阶段，薪火相传，办学不辍。学校所在的安庆是近代以来革命思想传播的重要地区。为了扩大办学影响，提高教学质量，历任校长求贤若渴，延揽了一批知名学者来校执教。1932 年 4 月，著名教育家程演生继任校长后，"颇想把学校办好"③，还专程赶赴上海网罗"一时之硕彦"，以实现"对于增进人类幸福之文化，即应有所贡献"④的愿景。范寿康、方光焘、蒋径三、戚叔含、周予同等人都是在这期间加盟省立安徽大学的。后经已出任文学院院长的周予同的盛情邀请，陈望道也于 1933

---

①《党政文化秘闻：陈望道任安大教》，《社会新闻》，1933 年第 4 期。

②陈望道：《谈马克思列宁主义在中国的胜利》，焦扬主编：《陈望道文存全编》第 7 卷，复旦大学出版社 2021 年版，第 264 页。

③李则纲：《我的教书生活》，李则纲著，李修送主编：《李则纲遗著选编》，安徽大学出版社 2006 年版，第 587 页。

④程演生：《发刊词》，《安徽大学月刊》第 1 卷第 1 期，1933 年 2 月。

年9月赶赴省立安徽大学任教。

陈望道自五四新文化运动以来早已在全国闻名遐迩，当时又因《修辞学发凡》的出版在学术界声名大噪。陈望道的到来也受到学校的高度重视，《安徽大学周刊》上多次做出宣传报道，如赞誉"陈先生系文学大家，尽人皆知，对于文学理论有深湛之研究，而尤精于修辞学"①，又在《本学期新聘教职员一览》中向校内外通告学校新聘陈望道来校任教事宜，并详细记载其任教课程及个人基本情况②。据记载，陈望道教授文学理论、修辞学等课程。值得关注的是，在陈望道回忆中曾提及自己讲授的普罗文学这门课程。所谓"普罗"是法语"普罗列塔利亚"（Proletariat）的简称，意指"无产阶级的"。由此衍生的"普罗文学"是指以无产阶级革命为主要题材且能够深刻反映社会现实的文学形态。当时，随着进步思潮的广泛传播，许多青年人受到革命文化的感召，积极倡导和宣传普罗文学。此前，方光焘曾教授"普罗文学"，但是因政治环境的压迫而无以为继，直至陈望道到任后重新开设了"普罗文学"的课程。

开设"普罗文学"课程之举，直接反映了陈望道的进步立场，加之其作为《共产党宣言》首个中文全译本译者的特殊身份，陈望道在省立安徽大学的一举一动都受到国民党特务的严密监视和防范。据陈望道回忆，平时常有特务在身后尾随，感觉像"女人被跟梢一样"③，在授课时也有身着军装的陌生人前来监听，受到诸多

---

① 《翟院长报告》，《安徽大学周刊》，1933年9月22日。
② 《本学期新聘教职员一览》，《安徽大学周刊》，1933年10月20日。
③ 陈望道：《谈马克思列宁主义在中国的胜利》，焦扬主编：《陈望道文存全编》第7卷，复旦大学出版社2021年版，第264页。

妨碍。即使是陈望道给学生讲授佛学思想的课程时，都有特务被派来偷听，生怕陈望道又在宣传马克思主义[1]。对此，陈望道急中生智，一旦发现有特务在监听，他便会改用英语授课，由于监听特务不懂英语，听不出所以然来，不知道陈望道在讲什么，便只好悻悻而归。

在省立安徽大学任教期间，除了完成课程讲授和指导学生完成论文外，陈望道还多次受邀面向师生公开演讲。1933年10月20日，陈望道在文艺社团溶岩社作题为《胡适文学论批判》的演讲，《安徽大学周刊》评论此次演讲"对于胡适似是而非之主张，详加驳斥"，观点"极为允当"，"且举例详明，语多幽默，故博得掌声不少"[2]。1933年10月30日，陈望道出席学校年度第八次总理纪念周活动，并以《言与行》为题发表演讲。演讲时，陈望道旁征博引，不仅善于运用中华传统典籍中的至理名言阐明道理，还对西方社会的文化掌故信手拈来。他号召师生们要破除封建思想的藩篱，运用辩证唯物主义的立场、观点、方法看待知与行的关系。陈望道主张要言行一致，认为"行为是言语的标准，言语要以行为做标准"[3]，并强调"言语能合乎事实，行为能改善事实，才是好的"[4]。此次演讲哲思深厚、说理透彻、言辞恳切，有效引导师生在言行统一中认清中国现实，激发师生改造中国现实的志向和抱负。受陈望

①陈振新、朱良玉：《父亲，我们怀念您！》，复旦大学语言文学研究所编：《陈望道先生诞辰一百周年纪念文集》，学林出版社1992年版，第169页。
②《胡适文学论批判——陈望道在教授溶岩社演讲补志》，《安徽大学周刊》，1933年11月3日。
③陈望道：《言与行》，焦扬主编：《陈望道文存全编》第7卷，复旦大学出版社2021年版，第129页。
④陈望道：《言与行》，焦扬主编：《陈望道文存全编》第7卷，复旦大学出版社2021年版，第130页。

道进步思想的影响，一批青年走上革命道路。如教育系学生袁微子，曾主持组织"秋罗文艺社"，主编《秋罗》①月刊，反对复古读经，提倡大众文化，后来秘密加入中国共产党，积极投身抗日救亡运动。②

在反动当局的高压统治下，省立安徽大学受到愈加严厉的监视，陈望道无奈沉闷环境的包围，实感束手无策而心生辞念。与此同时，还因先前出版的若干著译，受到国民党宣传部门的严格查禁，陈望道急于抽身返沪处理，不得不在任教半年后离开安庆回到上海，结束了在省立安徽大学的短暂执教生涯。

---

① 《秋罗》创刊一年后被国民党当局勒令停刊，袁微子因之被捕。
② 张志军、谢广田、吕静等编，《西子弦歌：百年杭师大的名人故事》，浙江工商大学出版社 2013 年版，第 153 页。

倡 "大众语"

关于大众语文学的建设
陈望道
自由谈

1934年，面对"文言复兴"与"尊孔读经"的语言文字乱象，陈望道发起"大众语运动"，提出了有关语文改革的大众语问题。这场运动坚决地击退了复古浊浪，并将五四时期的白话文作了一番实事求是的"扬弃"，继续完成着第一次文学革命未能完成的任务。

"五四前后以'革命'姿态出现的白话文，为什么不久就堕落了？"①

这是陈望道在 1934 年发表的《大众语论》一文中提出的"一个有意义的题目"。作为一名语言学家，陈望道深切体会到"语言文字的使用，也就是正确地掌握表达思想的工具，对于启蒙运动和思想解放是极端重要的"②。在 20 世纪 30 年代新旧交替的时代，面对半今半古、半洋半土的语言文字乱象，陈望道发起和组织了"大众语运动"，提出了有关语文改革的大众语问题。

这场运动缘起于 1934 年 5 月 4 日，中央政治学校教授汪懋祖在《时代公论》第一一〇期上发表的《禁习文言与强令读经》。文章倒行逆施，竟公然反驳五四新文化运动的主张，号召恢复使用文言文，鼓吹中小学读经，并继之掀起了一场声势浩大的复古思潮。所谓的"文言复兴"，其实质不过是配合蒋介石发动的"新生活运动"的产物，是国民党进行文化"围剿"的手段。伴随着"文言复兴"与"尊孔读经"的言论甚嚣尘上，各种驳斥非议的声音也纷至沓来。从教育界到文学界、艺术界，从各个日报到周刊、月刊，一场关于语言改革的论战拉开帷幕。

这场论战场面热烈、发展迅猛，同年 6 月已蔓延至上海。陈望道在与学人的通信中说："鉴于复古气味极重，如不努力，连以前我们曾经拼命争得的一点白话，也将不保。"③于是，在陈望道

---

①陈望道：《大众语论》，焦扬主编：《陈望道文存全编》第 4 卷，复旦大学出版社 2021 年，第 90 页。

②胡愈之：《杰出的革命家、思想家、教育家陈望道》，上海鲁迅纪念馆编：《陈望道先生纪念集》，复旦大学出版社 2006 年，第 30 页。

③陈光磊、李熙宗：《陈望道论语文教育》，河南教育出版社 1989 年，第 41 页。

的约请下，联同乐嗣炳、胡愈之、夏丏尊、傅东华、叶绍钧、黎锦晖、马宗融、陈子展、曹聚仁、王人路、黎烈文等文化教育界人士，齐聚西藏南路的"一品香"茶馆①，共同商议发起保护白话文的运动，并一致同意喊出"大众语"这个比白话文更加新的口号。当月18、19日，陈子展与陈望道便率先在《申报》副刊《自由谈》上连续发表《文言、白话、大众语》和《关于大众语文学的建设》两篇文章，详细阐释建设大众语的相关问题，并以此作为"大众语运动"的开场白。

陈望道认为中国的笔头用语十分复杂，大致可分为"文言"和"白话"两种。尽管五四新文化运动以后，白话文的推行取得了胜利，但是在保守势力的抵抗下发展也受到阻碍。为此，陈望道提出"我们要保白话，如果从正面来保是保不住的，必须也来反对白话文，就是嫌白话文还不够白。他们从右的方面反，我们从左的方面反，这是一种策略。只有我们也去攻白话文，这样他们自然就会来保白话文了。"②在这样的认识下，陈望道又将"白话"划分为"语录体"（即旧白话文）和"大众语"。如果说，五四新文化运动争论焦点是要"文言"还是要"白话"，那么这次"大众语运动"争论焦点则是要"语录体"还是要"大众语"。那么，何谓"大众语"？陈子展首次提及这一概念时，曾将其定义为"大众说得出、听得懂、

---

①关于参会人数与举办地点，曹聚仁在回忆中有不同记录，称："一九三四年夏天，一个下午，我们七个人，在上海福州路印度咖喱饭店，有一个小小的讨论会。"参见曹聚仁：《大众语运动》，《我与我的世界》，三联书店 2011 年版，第 433-437 页。
②陈望道：《谈大众语运动》，焦扬主编：《陈望道文存全编》第 4 卷，复旦大学出版社 2021 年，第 222 页。

看得明白的语言文字"。陈望道认为这还不够，又补充了一条"写"的标准，即"大众说得出、听得懂、写得顺手、看得明白的"①才起码算得上是"大众语"。

在陈望道等人的有力回击下，"文言复兴"的论调很快就偃旗息鼓，但是"大众语运动"的历史使命还没有完成。陈望道等人随之又开启言文一致、普通话和方言、文字与语言等关于"大众语"建设问题的探讨。陈望道认为建设"大众语"的关键在于对五四新文化运动以来的白话文进行合理的扬弃，即吸收白话文中合乎大众语需要的部分，排除白话文中不合乎大众语需要的部分；途径在于通过"三路并进"使之"最容易普遍"，即土语"从下送上"流入其中，文学、科学等用语"从上迎下"流入其中，中间由普及教育、语言教育等编定通用的语汇、文法"从横通过"；目标在于实现语言与文字、笔头与口头、形式与内容的高度统一。这些科学的主张，勾画出一幅汉语现代化的革新蓝图。

当然，到1934年9月，相关的讨论便悄悄地退出了历史舞台。回顾"大众语运动"，它坚决地击退了文言复兴的浊浪，并将五四时期的白话文作了一番实事求是的"扬弃"，继续完成着第一次文学革命未能完成的任务。更为深刻的一点是，"大众语运动"还将语言问题和阶级意识的获得问题联系在了一起，呼唤广大的知识分子"到民间去"，思考知识分子与大众的关系结构与彼此结合的路径。可以说，"大众语运动"不仅是一场追求语言变革的运动，更

---

①陈望道：《关于大众语文学的建设》，焦扬主编：《陈望道文存全编》第4卷，复旦大学出版社2021年，第76页。

是通过建设"大众语"这一代表大众意识的语言，为大众所有，为大众所需，为大众所用，真正让大众在语言交流中获得言说主动权。

"语言不能后退，只能前进"①，尽管现代汉语并没有沿着"大众语运动"的方向发展，但是陈望道等人当年提倡的"大众语运动"，仍然在构建现代中国的语言科学体系中发挥着不可磨灭的历史贡献。著名作家姚雪垠在1980年代回忆说："我写《差半车麦秸》是受到一九三四年大众语的讨论而在创作实践上所作的探索⋯⋯1934年的大众语讨论给我两个重要启发：一是如何运用大众口语问题，二是如何使作品的语言不仅可以读，而且可以听的问题。"②姚雪垠的这段话，或许可以作为一扇历史的窗口，帮助后人窥见，当年陈望道牵头发起的"大众语运动"，在近半个世纪后所产生的历史的回音。

---

①陈望道：《谈大众语运动》，焦扬主编：《陈望道文存全编》第4卷，复旦大学出版社2021年，第223页。

②姚雪垠：《学习追求五十年——从〈差半车麦秸〉到〈牛全德与红萝卜〉》，《新文学史料》，1980年第4期。

创办《太白》

1934 年 9 月 20 日，陈望道创办《太白》。各栏目中的作品大都采用短小精悍的篇幅，生动活泼的语言，针砭时弊、剖析物象，具有强烈的时代感和战斗性，揭露和批判了国民党文化专制下的黑暗腐朽，有力地支持着党领导的左翼文化运动向前发展。

当"大众语运动"如火如荼展开时，一本装帧端庄秀逸的杂志在上海创刊。刊物封面左上角采用欧字楷体风格，集碑帖"太白"二字而成，亮明刊物名称。封面右下角则配有一幅淡彩花卉国画小品。刊物每期大约五六十页薄薄一册，整体风格看上去"绚丽而不浮华，多样而不杂乱，朴素而不呆板"①，故一经出版便广受欢迎。这本刊物其实是由陈望道在鲁迅支持下创办的以刊登杂文为主的文艺刊物，也是陈望道倡导和建设"大众语"的重要阵地。

1962 年，尚丁专程前往浦江饭店拜访正在集中修订《辞海》的陈望道，请教当年创办《太白》的来龙去脉。陈望道回忆，《太白》创刊时面临严峻的斗争形势，国民党反动派不仅在军事上对苏区展开围剿，还对党领导的左翼文化界展开猛烈进攻。一方面，他们通过实行疯狂的恐怖政策，推行强制手段，禁扣书刊，封闭书店，持续逮捕和暗杀革命文艺工作者，以此逼迫左翼文化界人士无法开展活动。另一方面，他们利用林语堂等人出版《论语》《人世间》等刊物，以"幽默、灵性"来标榜"帮闲文学"，灌输资产阶级思想，冷却群众的革命热情，麻痹人民的战斗意志。陈望道说："一时里，乌云翻滚，思想战线上两条道路的斗争，进入了短兵相接的阶段"②。在党的领导下，左翼文化界人士认识到必须振奋革命精神，展开针锋相对的斗争，给反动派以牙还牙的猛烈反击，《太白》由此应运而生。

1934 年 9 月 20 日出版的《太白》创刊号，并没有创刊词之

---

①唐弢：《忆〈太白〉》，《唐弢书话》，北京出版社 1996 年，第 77 页。
②尚丁：《〈太白〉主编谈〈太白〉》，上海鲁迅纪念馆编：《陈望道先生纪念集》，复旦大学出版社 2006 年版，第 191 页。

类的文字，但其刊名便鲜明地向外界传递了这一刊物的创办主旨和内容风格。当时创议者曾提出"话匣子""瓦釜""话本"①等好几个名字，最后在鲁迅的主导下众人一致选定"太白"二字。陈望道在回忆时解释了"太白"的三重含义。一是预示黎明气象，"太白晨出东方为启明"，"太白"就是"太白星""启明星"，寓意黑暗的反动逆流即将逝去，光明在望，黎明在即；二是"太"作"至"讲，"白"就是"白话"，"太白"就是"至白"，意为"比白话还要白"的意思，这是呼应"大众语运动"的倡议，对"文言复兴"潮流的有力回击；三是"太白"二字笔画简单，表意直白，易识易写，便于刊物普及传播。②当然，从这个回忆来看，前两条无疑是"太白"二字的内涵解读，但是第三条似乎只是"太白"二字特征，严格来说并非揭示其含义。而《太白》的另一位编委曹聚仁在《我与我的世界》一书中还提及"太白"的另一层含义，他回忆道"太白"是引用了汤武革命时"武王持大白旗以麾诸侯"的典故，寓意着革命的旗帜、战斗的精神。这也进一步丰富了后人对《太白》刊名内涵的理解。

　　《太白》编委和特约撰稿的阵容十分强大，在刊物上公开署名的编委共 11 人，分别是艾寒松、傅东华、郑振铎、朱自清、黎烈文、陈望道、徐调孚、徐懋庸、曹聚仁、叶绍钧、郁达夫。主编由陈望道担任，唐弢在谈论《太白》时曾说："望道先生始终孜孜矻矻，一丝不苟，坚持并发展了各个栏目的内容，表现了他对事对人

---

①参见曹聚仁：《怀〈太白〉》，《芒种》半月刊第 2 卷第 1 期，1935 年 10 月 5 日。

②参见尚丁：《〈太白〉主编谈〈太白〉》，上海鲁迅纪念馆编：《陈望道先生纪念集》，复旦大学出版社 2006 年版，第 191 页。

一以贯之的坚忍不拔的精神。"①。中国共产党为了给《太白》创刊发行提供帮助，还专门选派丘东平和夏征农等同志承担具体编辑工作，以推动杂志正常运转。此外，《太白》还聚拢了一批特约撰稿人，如巴金、冰心、丰子恺、朱光潜、邹韬奋、老舍、夏丏尊、夏征农等，左翼人士和进步作家大都名列其中。此外，还不乏一些后起之秀，陈望道也总是大力提携。罗竹风回忆刚考进北京大学中国文学系时，他曾不揣冒昧，写了一篇杂文寄给《太白》，不料杂文被刊登后，还接到陈望道的一封简短回信，鼓励他继续多写，并注意写作的广度和深度。②正是有了如此一支实力充足的撰稿团队，《太白》才有了稳定且高水准的稿源。陈望道后来在为新闻系学生讲授课程时，在闲谈中谈及《太白》，他回忆道："每期杂志不可能篇篇精彩，但不可缺少一篇让人拿起来放不下去的重头文章——当时杂志极少长期订户，读者大多采取即兴翻阅选购的方式，这正是当时《太白》在上海杂志公司门市部长销不衰的原因！"③

　　谈及《太白》编委和撰稿人，还不能不提鲁迅。尽管《太白》各期中未曾见"鲁迅"二字，但毫无疑问，鲁迅与《太白》是有着千丝万缕的联系的。陈望道说，《太白》"在党的领导下，以鲁迅为主将，以左翼文化界为核心，广泛团结了当时文化界进步和较开明的人士"。一方面，鲁迅是《太白》编委，直接参与了编委会全部活动，《鲁迅日记》中就记录了 1934 年 9 月 4 日晚上，在陈

---

①唐弢：《忆〈太白〉》，《唐弢书话》，北京出版社 1996 年，第 77 页。
②罗竹风：《悲愤与怀念》，上海鲁迅纪念馆编：《陈望道先生纪念集》，复旦大学出版社 2006 年，第 17 页。
③杨本泉：《陈望道教我们怎么做新闻记者》，上海鲁迅纪念馆编：《陈望道先生纪念集》，复旦大学出版社 2006 年版，第 76 页。

望道的召集下参与商讨《太白》办刊事宜①。之所以鲁迅不公开列名于编委，主要是担心引起不必要的注意，影响刊物的发行。此后，杂志的斗争方针策略以及内容风格也都经由鲁迅研究而定。另一方面，鲁迅还是《太白》最重要的撰稿人之一。在《太白》存世的一年多时间里，鲁迅先后为《太白》及其纪念特辑共撰写了25篇文章②，其中不乏《中国人失掉自信力了吗？》《论"人言可畏"》《名人和名言》等脍炙人口的杂文名篇。由此，可见鲁迅对《太白》用情之深、用心之切。但是，在特殊环境下，鲁迅无法直言大名，只能以公汗、越丁等笔名示人。然即便如此，也无法遮蔽他为《太白》所做的贡献。

当时，文学是左翼文化运动的主要阵地，《太白》则是以发表小品文、杂文为主的文学半月刊。在栏目设置上，《太白》辟有短论、速写、漫谈、科学小品、读书记、风俗志、杂考、名著提要、时事随笔、掂斤簸两、文选、特载、歌、通信、小说等十多个栏目。各栏目中的作品大都采用短小精悍的篇幅，生动活泼的语言，来针砭时弊、剖析物象，具有强烈的时代感和战斗性。而在众多栏目中，最值得一提的要数"科学小品"，这是《太白》的首创。1962年陈望道在给叶永烈的回信中确认："我国刊物上登载科学小品确是从《太白》半月刊开始"③。据统计，《太白》先后刊发66篇科学小品。例如在创刊号的这一专栏中，就发表了克士（即周作人）的《白果树》、贾祖璋的《萤火虫》、刘薰宇的《半间楼闲话》、

---

① 周维强：《太白之风——陈望道传》，浙江人民出版社2006年版，第145页。
② 万一知：《鲁迅与〈太白〉半月刊》，《学术论坛》1981年第6期。
③ 叶永烈：《〈太白〉与科学小品》，《温州日报》2004年10月10日。

顾均正的《昨天在那里》等四篇科学小品。这一系列科学小品内容涵盖了动物、植物、天文、物理、数学、逻辑等诸多领域，既有用通俗易懂语言进行知识科普的文章，又有介绍自然科学领域最新前沿成果的文章。这对于推动科学文化在中国的普及传播起到了积极作用，科学小品逐渐成为一种独立的文学体裁，此后科学小品文章不断在杂志上涌现。科普作家高士其曾表示，在《太白》科学小品的影响下，他走上了科普创作的道路。

在国民党白色恐怖的笼罩下，《太白》存世年头不长。从1934 年 9 月出版创刊号至 1935 年 9 月被迫停刊，前后整整 1 年，共计出版两卷二十四期。然而，战斗时间虽短，《太白》却办得别开生面，独树一帜，声势壮阔，以极其鲜明的倾向，揭露和批判了国民党文化专制的黑暗腐朽，有力地支持着党领导的左翼文化运动向前发展。罗竹风曾给予高度评价，说："《太白》半月刊的出现，一新读者耳目：清新、刚健、泼辣、浑厚，可谓独埔一帜。"①而在这过程中，作为主编的陈望道，他对刊物经营的功劳，对发展革命文化的贡献是不可抹杀的。

---

①罗竹风：《悲愤与怀念》，上海鲁迅纪念馆编：《陈望道先生纪念集》，复旦大学出版社 2006 年，第 17 页。

桂林岁月

　　1935 年，陈望道受邀赴广西省立师范专科学校任教。在桂林的旖旎风光、宜人胜景中，陈望道与师生好友留下充满浓郁生活情趣的点滴。但陈望道并没有忘情于山水之间，时刻以高昂斗志投身教育事业和革命斗争，在桂林山水间掀起了一场新文化的波澜。

在广西桂林南郊，有一座雁山公园，原是清朝两广总督的私家花园。近代出版界著名人士郑健庐游览广西时曾对公园赏心悦目的景色赞不绝口。后来，他在《桂游一月记》中写道："峰峦耸翠，岩洞通幽，山石玲珑，长廊曲折，曲桥流水，石径长松，小阁窗明，高楼帘卷，其结构颇似颐和园。"[①]就在这"山水有清音"的宜人胜景中，坐落着广西师范大学的前身——广西省立师范专科学校（以下简称"广西师专"）。1935年，陈望道曾受邀到校任教。旖旎风光中，陈望道与师生好友留下充满浓郁生活情趣的点滴。但陈望道并没有忘情于山水之间，反而时刻以高昂斗志投身教育事业和革命斗争，在桂林山水间掀起了一场新文化的波澜。

广西师专创办于1932年10月，是广西地区第一所高等师范学校。学校的创办也是李宗仁、白崇禧等桂系军阀培养新政人才的重要举措。由于当时桂系军阀密谋与粤系军阀联合反蒋，需要伪装一副"进步"的面貌，故经广西省教育厅厅长李任仁推荐，聘请左翼学者、广西救国会领导人之一的杨东莼担任首任校长。杨东莼在大革命时期曾是共产党员，后与党组织失去联系。担任校长后，杨东莼广邀朱克靖、薛暮桥等共产党人和进步人士前来任教，开设了大量新兴社会科学课程，对学生开展马列主义教育，试图培养一批信仰马克思主义的革命青年，学校也因此被时人称为"小莫斯科"[②]。由于学校政治面貌越来越"左"引起当局关注，杨东莼校长被迫下台，桂系军阀继而加大对学校的管控力度，频繁更换校长。后来到

---

① 郑健庐：《桂游一月记》，中华书局1935年版，第97-98页。
② 参见薛暮桥：《关于广西师范专科学校的回忆（代序）》，桂林市政协文史资料委员会编：《桂林文史资料——三十年代广西师专》，漓江出版社1992年版，第1-4页。

1935 年秋天，已由陈此生实际接管学校工作。陈此生虽也是左翼人士，但他与广西省教育厅厅长李任仁是至交，又因其在广西颇有声望，故委任他担任学校教务长。

陈此生到任后，向全国各地知名学者遍致信函，聘请他们前来广西师专任教，其中就包括陈望道。陈此生，虽是 1920 年于复旦大学肄业，但早先与陈望道并不相识，是经过中山大学何思敬牵线，才慕名向陈望道发出邀请。当时，陈望道主编《太白》屡屡受挫，个人也受到反动当局敌视，在杀气腾腾下，他也希望离开上海一段时间以躲避迫害。因此，陈望道接到邀约，慨然应允出任中文科主任，主讲修辞学、中国文法两门课程，并立即与弟弟陈致道、学生夏征农等人动身前往桂林。当时交通非常不便，从上海到桂林需要辗转水陆两路，长途跋涉，一路颠簸，他们到达桂林时已是身心俱疲。陈望道在一年后给陈此生夫人盛此君去信时，还提及此行后劲十足，令他"有半月不还魂"①。此后，在陈此生和陈望道的邀请下，一批"左联"朋友也纷至沓来，"一时文人荟萃，弦歌相诵，不仅使名园生色，也使整个桂林山城活跃起来"②。

1935 年 9 月，广西师专举行了一次盛大的开学典礼，欢迎新聘教师和新入学学生。开学典礼上，陈望道"身着酱色长衫，温文端庄"，"以清亮的浙江口音"③作了题为《怎样负起文化运动的责任》的演讲。陈望道在演讲中对中国传统社会的宗法制度、伦理思想和

---

①邓明以：《陈望道传》，复旦大学出版社 2005 年版，第 161 页。

②林志仪：《忆雁山往事——陈望道先生在桂林》，陈立民、萧思健主编：《千秋巨笔一代宗师——纪念陈望道先生诞辰 120 周年》，复旦大学出版社 2013 年版，第 159 页。

③温致义、林志仪：《陈望道先生在桂林》，复旦大学语言文学研究所编：《陈望道先生诞辰一百周年纪念文集》，学林出版社 1992 年版，第 61 页。

道德规范进行了抨击，号召师生从日常社会现象中准确认识和把握封建的不合理性，从而实实在在地加以反对。这个交织着五四启蒙意识和左翼政治倾向的演讲，随即在广西师专打响了一场反封建的斗争。不久后，陈望道便以特有的政治敏锐感，抓住了省立桂林中学《南熏》校刊的序言，展开了一场反文言文的斗争。当时，有一位名叫石孟涵的国文老师给《南薰》写了篇序言，文章中文言滥调，骈文老套，却被保守势力捧为"杰作"，并在《桂林日报》上大加宣传。陈望道立马嗅到了封建余毒的气味，于是他组织师生撰写批判文章，揭批此文思想内容的陈腐，极力地扫清文坛封建残渣，一时震动桂林文教界。①

随着陈望道等一批进步教师的到来，广西师专校园内的政治空气和学术氛围立马活跃起来，进步势力和反动势力之间的斗争和较量也随之愈发尖锐。陈望道亲自指导师生创办刊物和壁报，开辟舆论斗争的阵地。刊物是指《月牙》，由夏征农任主编、师生通力合作刊行的进步校刊，于 1935 年 11 月 16 日创刊。陈望道专门为刊物题写刊名，并绘制封面上的"一弯新月和几颗星星"图案。他为此还解释说："她一是象征桂林月牙山，一是表示曙光；也可以想象新月化为镰刀，农民就拿枪杆子了。"②《月牙》内容涉猎广泛，现实针对性极强，特别是宣传中国共产党的抗战方针，为当时的抗日救亡运动指明方向，激发学校师生爱国热情。壁报则是"普罗密

---

①路璠、何砺锋：《三十年代的广西师专综述》，桂林市政协文史资料委员会编：《桂林文史资料——三十年代广西师专》，漓江出版社 1992 年版，第 33 页。

②路璠、何砺锋：《三十年代的广西师专综述》，桂林市政协文史资料委员会编：《桂林文史资料——三十年代广西师专》，漓江出版社 1992 年版，第 32 页。

修士"壁报，名字源于古希腊神话中普罗米修斯盗取火种给人类带来光明的故事。陈望道借此寓意"要在广西师专点燃起光明的火把来，照亮全中国"①。此外，开头的"普罗"二字可以代替"普罗列塔利亚"（即无产阶级）的简称，隐晦的表达也可以避免引来麻烦。创办不久，在陈望道的提议下，壁报展开了"关于中国社会性质问题"的论战，通过唇枪舌剑来探讨中国社会和革命的出路，粉碎托派的谬论。此外，在陈望道的积极推动下，学校师生成立广西师专剧团，旨在"用戏剧的力量来暴露旧社会的罪恶，促进社会的变革与发展"②。1936 年 1 月，剧团的第一次公演在第三高中礼堂进行，演出剧目为日本菊池宽的《父归》和欧阳予倩的《屏风后》。为提升演出质量，陈望道特地函邀著名戏剧家沈西苓来讲授戏剧理论课，并指导话剧排演。第二次话剧公演是在 1936 年 4 月春假期间，在桂林中学礼堂演出了苏联剧作家特列季亚科夫的《怒吼吧，中国！》和果戈里的《钦差大臣》（当时剧名叫《巡按》）两部多幕剧。通过这两次盛大的公演，陈望道"把这一新兴的话剧艺术种子撒播在桂林这片荒芜的土地上"③，由此掀起一场戏剧运动。

1936 年下半年，桂系军阀目睹广西师专进步运动愈演愈烈而感到惧怕，于是将广西师专合并到广西大学，组成文法学院。陈望道随之从桂林迁往南宁，并继续担任了一段时间的中文科主任。然而，桂系军阀不断控制和打击进步力量，学校政治日益右倾，许多

---

①沈国华，《回忆陈望道先生在广西师专的二三事》，转引自邓明以：《陈望道传》，复旦大学出版社 2005 年版，第 166 页。

②佛朗：《戏剧的功能和任务》，《月牙》1935 年第 2 期。

③林志仪：《忆广西师专剧团的话剧公演》，桂林市政协文史资料委员会编：《桂林文史资料——三十年代广西师专》，漓江出版社 1992 年版，第 115 页。

教师相继被排挤解聘，陈望道也因文学系被迫解散，于1937年离校返沪。返沪前，陈望道还依依不舍地拾起一把红豆带在身边①。此后，虽然陈望道多年居无定所，但他始终带着这把心爱的红豆。或许正如陈望道儿媳朱良玉所说："这红豆对他而言，已经不仅仅是相思之物，而是满载着父亲终身不渝的信仰。"②

---

①陈望道到广西师专任教后，学校专门建造一栋楼房供他居住。楼房不远处的湖滨路旁长有多株相思树。每当秋风吹起，红豆便散落一地。陈望道特别钟爱红豆，还给居住的小楼取名为"红豆院"。

②朱良玉：《红豆寄相思——忆父亲陈望道》，《新民晚报》2022年10月23日。

文法革新

　　1938 年冬，鉴于文法研究因循守成、停滞不前，陈望道发起中国文法革新讨论。他探求文法现象，考察文法规律，吸收各种新潮流派之所长，以《语文周刊》为阵地发表了一系列改革文法体系的观点见解，推动中国文法研究迈入新的"缔造时期"，让中国文法研究有新路可走。

1917 至 1919 年，孙中山先生写下了著名的《建国方略》，这是近代中国谋求现代化的一份重要蓝图。或许令人感到惊讶的是，在此书的第一部分，孙中山先生竟然提到了"中国向无文法之学"的问题，他希望"吾国好学深思之士，广搜各国最近文法之书，择取精义，为一中国文法，以演明今日通用之言语，而改良之也。"①这一殷切的期待，随着时代的车轮滚滚向前，最终落在了以陈望道为代表的一代语言学人的肩上。

陈望道很早就开始关注文法研究。早在五四运动以后，他就在报刊上发表过白话文文法研究的文章，随后十余年间又先后在复旦大学、广西师专等学校开设过文法课程，还专门为课堂教学编写《中国文法讲义》。1932 年，陈望道力作《修辞学发凡》正式出版后，他便将研究重心转移到文法学上来。在桂林任教时，陈望道常常深入群众实际生活中，从茶馆、酒肆、戏曲舞台以及日常生活中广泛搜罗广西地区方言中的语言材料，制作了整箱整箱的卡片，作为日后研究文法问题时可以引用的例证。不少学生曾回忆，陈望道教授文法课时历来不照本宣科，而往往是根据多年的精深研究，联系学术界论及的一些语言问题，阐述他独到的学术见解，讲得生动、有趣，很能启发同学们进行深入的思考。②

1938 年冬，鉴于文法研究因循守成、停滞不前，陈望道在上海发起了轰轰烈烈的中国文法革新讨论。他首先在自己主编的《语文周刊》③上发表《谈动词和形容词的分别》，又约请傅东华、金

①孙中山：《建国方略之一》，《中山全集》第 4 册，孙文学说研究社 1926 年版，第 32 页。
②温致义、林志仪：《陈望道先生在桂林》，复旦大学语言文学研究所编：《陈望道先生诞辰一百周年纪念文集》，学林出版社 1992 年版，第 66 页。
③此刊物为中共地下组织所办《译报》的副刊。

兆梓为刊物分别撰写《一个国文法新体系的提议》《炒冷饭》二文，通过设置议题引发学界展开热烈讨论。后来，陈望道直截了当地阐述了发起文法革新讨论的目的，就是希望"根据中国文法事实，借鉴外来新知，参照前人成就，以科学的方法谨严的态度缔造中国文法体系"。①

在此之前，中国的文法研究几乎都以《马氏文通》的体系为准绳。《马氏文通》由马建忠撰写，1898 年由上海商务印书馆出版，是中国第一部体系完整的语法书，被誉为中国语法研究的开山之作。对于这本书，陈望道是经常提及且熟悉得几乎可以背诵，其历史价值自然得到了陈望道的基本肯定。但他也指出该书的研究对象是"古典的"，研究方法是"模仿的"，照搬西方文法来讨论中国古文，显然不能令人满意。而在《马氏文通》问世后，继之而起的许多研究文法的著作也大都"在马氏的体系之中盘旋穿插"②，偶尔"只在不很重要处加了一点改革，并不更动马氏的格局"③。因此，陈望道认为中国文法研究需要革新，试图通过商讨来融合各种持见，进而缔造一个新的文法体系。

这场规模空前的学术争鸣，所涉及的内容相当广泛，包括文法研究的对象、文法学的体制、文法研究的方法、汉语文法自身的特点、词类区分问题，以及文法学与其他学科的关系等一系列问题。

---

①陈望道：《〈中国文法革新论丛〉序》，焦扬主编：《陈望道文存全编》第 5 卷，复旦大学出版社 2021 年版，第 212 页。

②陈望道：《〈中国文法革新论丛〉序》，焦扬主编：《陈望道文存全编》第 5 卷，复旦大学出版社 2021 年版，第 213 页。

③陈望道：《〈一提议〉与〈炒冷饭〉读后感》，焦扬主编：《陈望道文存全编》第 5 卷，复旦大学出版社 2021 年版，第 129 页。

陈望道既是组织者，更是参与者，他探求文法现象，考察文法规律，吸收各种新潮流派之所长，以《语文周刊》为阵地发表了一系列改革文法体系的观点见解。①以首创功能学说为例，陈望道借鉴索绪尔的理论，提出区分汉语中的名词、动词、形容词等各种词类的新思路。由于汉语缺少像英语一般的丰富形态，词尾没有变化，要对词类进行划分，只能求助于词语的意义。如此不仅难以分清，即使分了出来在文法上也无多大用处。对此，陈望道提出要把组织功能作为区分词类的依据，通俗地讲，就是要注重词语和词语之间的搭配组合关系。如"开水"与"水开"，两个"开"字虽然意义上大致相当，但位置搭配完全不同，故其所具有的功能便不一样。反之，"猫捉鼠"与"孟子见梁惠王"中的"捉"与"见"意义完全不同，但其搭配关系却是相同的，故在功能上也是一致的。这就说明，汉语词汇的词类划分，应当从它的功能上入手。这一论断后来也发展成为陈望道文法理论的核心，并且经过不断核实和验证，为今天的文法研究奠定了极为重要的基础。

在陈望道的率领下，"革新派"为构建独树一帜的新文法体系做足了理论准备，在学术讨论中不因袭成见、精益求精的治学态度也留给后人以启迪。陈望道从事学术研究始终强调创新，"尽多旁征博引，决不人云亦云"②。他尤其反对故步自封，把已有的定论看作唯一有价值的东西，认为"单记定论，准定会守成，不会缔造，

---

① 参见邓明以：《陈望道传》，复旦大学出版社 2005 年版，第 185-186 页。
② 周有光：《陈望道先生二三事》，上海鲁迅纪念馆编：《陈望道先生纪念集》，复旦大学出版社 2006 年版，第 15 页。

甚至对于定论也许单止知其然而不知其所以然。"①因此，在《马氏文通》被奉为经典的时代，陈望道敢于挑战权威，对其提出批评的意见。但正如陈望道所言，发起讨论不是"对于马氏的不朽以白眼相看"②，也不是抹杀其开创先河的历史贡献，而是"借此导求我们所以立"。所以，在文法革新讨论中，陈望道十分注重批判地继承前人的学术遗产，他认为"一面固然要医治旧制的病，一面也要保持旧制的健康。而且可说就为保持旧制的健康，才求去病除痛的方案"，如此才能真正达到文法革新的目的。

1940 年，陈望道被迫离开上海辗转前往重庆时，据倪海曙回忆，陈望道将此行比作同大后方语文学术界交换中国文法革新意见的一次"学术旅行"③，此后一段时间的两人往来通信"没有一封不谈文法革新"，其中不乏关于文法革新的新见解和新体会。1943 年，陈望道还精心挑选了他和傅东华、方光焘、张世禄等人公开发表的 35 篇重要论文，汇编成《中国文法革新论丛》在重庆出版，成为一部弥足珍贵的历史文本。从 1938 年至 1941 年，中国文法革新讨论前后历时四年半之久，地域从上海遍及整个大江以南半个中国。这场规模空前的学术争鸣，推动了中国文法研究迈入新的"缔造时期"，让中国文法研究有新路可走。

---

① 《文法革新问题客答问》，焦扬主编：《陈望道文存全编》第 5 卷，复旦大学出版社 2021 年版，第 166 页。

② 陈望道：《〈中国文法革新论丛〉序》，焦扬主编：《陈望道文存全编》第 5 卷，复旦大学出版社 2021 年版，第 213 页。

③ 倪海曙：《春风夏雨四十年——回忆陈望道先生》，知识出版社 1982 年版，第 28 页。

以笔为戈

　　在民族存亡的危急关头，陈望道怀揣满腔爱国热忱，在中国共产党抗日救国的号召下，不惜冒着生命危险，坚持站在救亡运动的大潮中，团结汇聚爱国民主力量，使得抗日救亡的文化堡垒更加坚固。

自明治维新以来，日本始终虎视眈眈，将侵略的魔爪伸向中国，视中国为"大陆政策"的觊觎对象。在民族存亡的危急关头，陈望道始终怀揣满腔爱国热忱，在中国共产党抗日救国的号召下，不惜冒着生命危险，坚持站在民众抗日救亡运动的大潮中。正如他曾说："日寇太欺侮人了，一定要组织起来，用我们的口和笔支援抗日战争！"①

陈望道对于抗战到底的立场是十分坚定的。早在抗日战争爆发之初，当身边有两位朋友，一位因战争损害了个人财产，另一位因抗战而生活颓废，对抗日战争颇有微词时，陈望道也不顾及朋友情谊，对二人进行了严肃的批评和教育。②面对民族危机日益加重，陈望道以笔为戈，积极投身抗日救国斗争。1932年1月17日，由陈望道等35人发起组织的中国著作者协会，反对帝国主义文化、封建文化以及文化上的法西斯政策，以集团的力量促进文化事业的发展。然而，在东三省沦陷后，日本军国主义者并没有停止侵华的步伐，又蓄谋制造事端，并以此为借口悍然武装侵犯上海。2月3日，陈望道联合鲁迅、茅盾等43位左翼作家和进步文化人共同发表《上海文化界告世界书》。据冯雪峰回忆，这份文件由谁起草已记不起来，但经中共中央宣传部看过，被要求尽量扩大签名范围。《上海文化界告世界书》中愤怒斥责日本帝国主义的侵略暴行，高喊反对帝国主义瓜分中国的战争、反对日寇屠杀中国民众、转帝国主义战争为世界革命的战争、打倒日本帝国主义和国际帝国主义、保卫中

---

①乐嗣炳、杨景昭：《怀念陈望道教授》，上海鲁迅纪念馆编：《陈望道先生纪念集》，复旦大学出版社2006年，第33页。
②倪海曙：《春风夏雨四十年——回忆陈望道先生》，知识出版社1982年版，第72页。

国革命等口号。①由此，标志着上海文化界已初步形成了反帝抗日联合阵线。

　　为了进一步扩大抗日救国团体的规模，在抗战的隆隆炮火声中，陈望道、乐嗣炳等人在冯雪峰的支持和帮助下发起上海著作者抗日会。为此，陈望道走街串巷，亲自出面邀约，最终于1932年2月8日在徐家汇的一所学校里召开成立大会。120多名著作者在《宣言书》上署名，大会还推选戈公振任主席，陈望道任秘书长，下设组织、宣传、总务三部，其中有35名中国共产党党员和左翼作家参加其中。②上海著作者抗日会高举抗日救亡的旗帜，尽自己之所能联系和团结全上海赞成抗日救国的作家、艺术家、社会科学家和新闻工作者，积极开辟抗日文化宣传阵地，创作出版抗战文艺作品，鼓舞中国军民坚定抗战信心，向海内外揭露日本侵略军的暴行，以寻求全世界爱好和平人士对中国抗战的支持。上海著作者抗日会还开展募捐慰劳工作，就在成立后的第三天，在陈望道夫人蔡葵、丁玲等人的提议下，收集慰劳品分批派队送往闸北前线，给浴血奋战的十九路军官兵送去30打手帕和一面写有"抗日先锋"的旌功旗，以此表达文化界人士的拳拳爱国之心。尽管上海著作者抗日会在淞沪抗战停战后不久，便也随之告一段落，但值得肯定的是，它为在残酷的文化"围剿"中将上海文化界结成抗日统一战线作了有益的尝试。

---

　　①冯雪峰：《有关"文化界反帝抗日联盟"和"著作者抗日会"的几点情况》，《冯雪峰全集》9，人民文学出版社2016年，第157页。
　　②参见乐嗣炳、杨景昭：《怀念陈望道教授》，上海鲁迅纪念馆编：《陈望道先生纪念集》，复旦大学出版社2006年，第33页。

1937 年 7 月 7 日，日本侵略军向北平西南卢沟桥发动进攻，制造了震惊中外的"卢沟桥事变"，标志着全民族抗日战争爆发。刚从桂林回到上海的陈望道，在地下党的领导下，与郑振铎、陈鹤琴等组织发起上海市文化界救亡协会，以文化教育为阵地，展开了一系列抗日救亡的宣传和组织工作。当时，全国民众的文盲率较高，要想动员和组织民众抗日救亡，首先要解决扫盲的问题。陈望道认为，"语言文字是一种最重要的团结工作。在最需要团结的现在，对于这种工具就需要多方加以检查，多方加以改进，多方加以运用。"①为此，他积极提倡汉字简化和拉丁化新文字，他主张文字要改革，提出汉字使用的三原则——简（笔画简单）、便（书写顺便）、明（明白易认），还专门制订《拉丁化汉字拼音表》，并亲自到难民所去开展扫盲和新文字的宣传工作，这也为日后汉语拼音推广培育了群众基础。

次月，八一三淞沪战役爆发。此次交战规模之大、战斗之惨烈前所未有，毗邻市郊战区的许多学校因敌军炮火被轰毁，故无法正常开课。于是，陈望道参与的上海市文化界救亡协会出面借用租界内沪江大学商学院院址，在 1938 年创办了"社会科学讲习所"，再续弦歌，被称为"上海的抗大"。讲习所校长由沪江大学校长刘湛恩先生兼任，授课教师多为居住在租界的教师。参加讲习所的学员则来自各救亡团体的干部，他们不受学历限制，也没有麻烦的入学手续。讲习所开设课程多样，如张宗麟的《民众教育》、梁纯夫

---

① 陈望道：《纪念拉丁化的解禁》，焦扬主编：《陈望道文存全编》第 8 卷，复旦大学出版社 2021 年版，第 113 页。

的《新闻概论》等课程，供学员自由选修。陈望道认为，为适应战时教育，应当对课程加以改革，尤其是要增加一些与战时局势相关的课程，在正课之外加紧军事训练和政治训练，使学生个个都能提枪抵敌。①

当时，陈望道在讲习所开设《中国文艺思潮》和《中国语文概论》两门课程，除了专业知识的讲授外，他还注重统筹兼顾树人大计和时事教育，增进学生对抗战的认识。倪海曙就是在讲习所结识陈望道，并修读了陈望道主讲的课程。他一直保留着当年听课笔记，时常翻阅仍觉很是受益，后来在回忆这段历史时还说道："先生讲课，不但概括性强，而且条理清楚。他说话跟他写文章一样，没有多余和重复的话，但是简练朴实的语言中，含蓄着极其丰富的思想，发人深省。听他一次课，总可以思索几天，很有味道。"②在陈望道的培养下，倪海曙成为他的得意门生，在抗战期间一直活跃在难民收容所担任义务文化教员，后来还为文字改革、制订汉语拼音方案等语文现代化事业作出重要贡献。

1939年下半年，敌伪势力开始向租界渗透，日寇和汉奸特务机关暗杀绑架进步力量的事件频繁发生，陈望道的人身安全也受到威胁。根据当时的形势，老百姓估计敌伪迟早将占领租界，占领后的学校都得教日文。为了对国民进行爱国主义教育，使他们不忘记祖国语文，陈望道不顾个人安危，以"上海语文教育学会"的名义在上海大新公司五楼举办为期10天的"中国语文展览会"，从筹

---

①陈望道：《战时的专门教育》，焦扬主编：《陈望道文存全编》第7卷，复旦大学出版社2021年版，第140页。
②倪海曙：《春风夏雨四十年——回忆陈望道先生》，知识出版社1982年版，第5页。

大新公司

漢字型體的演變

語文展覽會

中國語文教育学會主辦

語文展

备到展出，陈望道始终亲力亲为。这场展览全面展示了汉字形体演变、方言和少数民族语文、汉字学著作、书写工具、盲人及聋哑人教育、汉语拼音运动等内容，受到社会各界的关注和支持，成为一场规模宏大、形式生动、特色鲜明的爱国主义教育，激发了民众对祖国语言文字的热爱，更彰显了上海社会各界的大团结。①

然而在 1941 年春末，面对蓬勃发展的抗日救亡运动，敌伪开始加紧对上海文化界爱国人士展开大逮捕，陈望道的名字赫然列在名单之上。为免遭迫害，陈望道不得不离开上海前往大后方，但他依旧无所畏惧，积极地团结一切爱国力量投入抗日救亡的洪流。

---

①参见倪海曙：《春风夏雨四十年——回忆陈望道先生》，知识出版社1982年版，第25-27页。

夏坝"延安"

抗战爆发后，复旦师生千里跋涉、辗转迁移，落脚重庆北碚再续弦歌。重回复旦任教的陈望道，明确"宣言真理，改革社会"的办系宗旨，提出"好学力行"系铭，筹办新闻馆，举办新闻晚会。在他的接掌下，复旦大学新闻系锐意整顿，旧日规模渐次恢复。

1937 年 8 月 13 日，日本帝国主义在上海挑起事端，中国军队奋起反抗，淞沪会战爆发。地处江湾战区的复旦大学，遭到日军横施暴力，数十年经营的校舍几乎全部被密集炮火炸成废墟，顿时一片狼藉。为延续学脉，学校决定一部分师生留在上海另于租界内选址办班，另一部分则向大后方撤退以赓续弦歌。次月，近千名师生背起"复旦"，上庐山、赴武汉、经九江、奔宜昌，千里跋涉、辗转迁移，落脚重庆北碚，在嘉陵江畔夏坝①兴建战时校舍。1938 年 3 月 21 日，复旦大学正式复学开课，师生们历经千难万险，终于寻觅到片刻的安宁。由于时值战争年代，办学条件自然极为简陋，复旦师生没有被困难吓倒击垮，继续坚持在"茅屋里求学，战火中教书"，他们精神昂扬、同心同德、以苦为乐、互相扶持，书写了复旦大学历史上的光辉一页。

1940 年秋天，为避免汪伪特务的迫害，陈望道从上海出发经香港辗转至重庆，重新回到复旦大学中文系任教，为学生开设修辞学等课程。同年 9 月，由于新闻系主任程沧波遭到进步师生反对，被迫离开学校。在新闻教育和实务上皆有着丰富经验的陈望道临危受命，暂代新闻系主任一职，并于 1942 年 9 月，正式接任新闻系主任。主持系政的陈望道将"宣言真理，改革社会"作为科学民主办系的纲领，又提出"好学力行"系铭，勉励新闻系学子在学习中处理好理论与实践的关系，力争学以致用，做到学行并重。陈望

①夏坝原名"下坝"，是位于黄桷镇与东阳镇之间的一块平地，因其上游有个地方名为"上坝"而对应得名"下坝"。陈望道建议取谐音，将"下坝"更名为"夏坝"，寓意华夏之坝、青春之坝，借此表达复旦师生的爱国之心和救亡之志。夏坝与成都华西坝、重庆沙坪坝，鼎足而三，成为西南地区文化重镇。

道利用自己的社会影响力，亲自出面邀请社会名流和专家学者前来新闻系开讲授课。在课程之余，陈望道还主导学生在每周六晚上举办"新闻晚会"，以时事讨论、学术研究的形式开展民主活动，通常设定一个主题，比如"新闻与政治""中国将向何处去""我们的出路何在"等，师生共同争鸣讨论，探寻救国真理。新闻系讲师李光诒曾归纳出新闻晚会的八大特点：丰富的内容，多样的形式，切当的主题，平等的气氛，广泛的探索，严肃的思考，自由的讨论和独立的判断①。新闻晚会的长期坚持举办，也成为进步力量开展宣传的"相当牢固可靠的良好阵地"②。

为推进新闻教育事业，培养"有巩固基础、有发展前途的新闻文字工作者"，陈望道于1944年提议创办新闻馆。他认为，"现在中国新闻教育机关急须解决的问题似乎有两个：一个如何充实教学的设备与内容，使有志新闻事业的青年更能学以致用；二是如何与新闻事业机关取得更密切之联系，使学与用更不至于脱节。筹建新闻馆，便是想尝试解决第一个问题的一部分，以为解决第二个问题的基础。"③为筹措兴建新闻馆的资金，陈望道耗费诸多心血。在酷暑时节四处奔走，他借住在友人家中，午饭仅以烧饼充饥，既节约了时间，也节省了费用，过夜则睡在臭虫很多的床上。最终，在陈望道的不辞辛劳和邵力子、钱新之等人的鼎力支持下，不到半

---

①游仲文：《战时复旦新闻晚会》，中国人民政治协商会议重庆市北碚区委员会文史资料委员会编：《抗日战争时期的北碚》，1992年内部发行，第328页。

②程极明：《上海复旦学运回忆片断》，王正：《第三次国内革命战争时期复旦大学党的活动》，复旦大学出版社2000年版，第328页。

③陈望道：《新闻馆与新闻教育问题》，焦扬主编：《陈望道文存全编》第7卷，复旦大学出版社2021年版，第155页。

年的时间里就募得百余万款项，并于当年 9 月 1 日记者节当天正式举办奠基典礼。而陈望道也因此过度疲劳，卧病一月之久。

1945 年，历时两年建造，陈望道亲自参与指导并由土木系师生义务设计的新闻馆全部建成。邵嘉陵曾回忆，新闻馆"虽然是几间竹片抹泥墙的房屋，简单粗糙，在当时的条件下，不比今天造高楼大厦容易啊！"[1] 4 月 5 日，复旦新闻馆落成典礼隆重举办。是日，云层密集，大雨欲来，但人们前来参加开幕典礼活动的兴致丝毫不减。重庆新闻界、教育界知名人士和复旦大学师生代表 600 余人受邀与会，共同见证国内高校第一座新闻馆的诞生。复旦创始元老于右任为新闻馆专门撰写演讲稿，盛赞新闻馆落成的重大意义，"在这个艰难的时候，学校能建筑校舍本来就大可庆祝，何况今天所落成的是新闻馆，新闻馆落成的庆祝，意义是双重的，中国新闻事业与复旦在过去已有密切的关系，在未来更有远大的展望。"[2]《新民报》记者廖毓泉赠送对联"复旦新闻馆，天下记者家"。《新华日报》作为当时中国共产党在国统区公开出版发行的唯一一份党报，也为复旦大学新闻馆发来"为新闻自由而奋斗"的贺电。

新闻馆的落成使用，绝不只是复旦校园中添设了几处房舍，而是近代中国新闻教育史上的一个创举。这座面积达 400 平方米的西式平房里，集教学实践于一体，成为新闻系学子教学实践的重要场所，被誉为"记者的摇篮"。1931 年成立的"复新通讯社"，

---

①邵嘉陵：《抗战时期北碚学人芳香谱》，中国人民政治协商会议重庆市北碚区委员会文史资料委员会编：《抗日战争时期的北碚》，1992 年内部发行，第 184 页。

②复旦大学档案馆历史档案（2377）卷，第 34 页，转引自丁士华、杨家润、陈启明、柳浪编著：《烽火中的复旦》，重庆出版社 2017 年版，第 152 页。

在学校内迁时一度停办，直至 1943 年 3 月起恢复活动。陈望道兼任社长，利用新闻馆的设备，指导学生编辑印发《复新社通讯稿》，所发稿件常被各大报刊选用。在这种风气的影响下，新闻系学生还自主创办《复旦新闻》《夏坝风》《记者报》等刊物和壁报，形成了全校爱国进步力量的活动中心。陈望道还利用新闻馆一台极为罕见的美国 RGA 牌短波大型电子管收音机，组织进步师生和地下党员收听来自延安的广播，成为连接千里传播党的主张、延安的声音的中转站。新闻馆也因此有了"复旦的'解放区'"[1]和"夏坝延安"之称。

巍巍歌乐山，滔滔嘉陵江，在陈望道的接掌下，复旦大学新闻系"锐意整顿，旧日规模渐次恢复"[2]，它不仅见证了复旦师生度过的艰苦岁月，更见证了复旦师生在陈望道的言传身教下追求进步的红色烙印。

---

[1]程极明：《上海复旦学运回忆片断》，王正：《第三次国内革命战争时期复旦大学党的活动》，复旦大学出版社 2000 年版，第 315 页。

[2]李光诒，《给有志于新闻工作者》，《1946 年复员前的新闻系》，转引自邓明以：《陈望道传》，复旦大学出版社 2005 年版，第 198 页。

潜庐灯火

  在重庆期间，陈望道积极发展新闻教育事业，竭尽全力掩护进步学生开展爱国民主活动，使得复旦大学成为大后方著名的"民主堡垒"，被中共中央南方局青年组认为是"学校工作的典型和模范"。这些看似微弱的"灯火"，正在给那深沉的黑夜带去无尽的"光明"！

　　在复旦大学校舍北面的东阳镇，有一座名为"潜庐"的院子坐落在陌径窄巷深处。这是陈望道在北碚任教时租住的地方。除了陈望道和妻子蔡葵居住的卧室外，房子中其余房间都供给学校地下党组织用来开会和休息使用。面对抗日战争中后期国民党顽固派一再掀起反共高潮，当时的陈望道一边积极发展新闻教育事业，培养优秀新闻人才，一边密切配合地下党组织，竭尽全力掩护进步学生开展爱国民主活动，促使复旦大学成为大后方著名的"民主堡垒"，被中共中央南方局青年组认为是"学校工作的典型和模范"。

　　1940年秋，初到重庆的陈望道便被委以重任。当时学校刚遭遇日军狂轰滥炸，学校教务长孙寒冰和一些师生不幸在空袭中遇难，落定北碚不久的校园再度陷入混乱状态。时任代理校长吴南轩见状，急于物色一人来帮忙辅助管理学校，而陈望道的到来恰好帮他解了燃眉之急。吴南轩几次三番前来游说，希望借助陈望道的力量共同办好学校，并出任训导长一职。陈望道起先未直接答应，但是考虑到倘若由极端反动分子出任该职，进步力量必然遭受损失，于是在地下党组织的授意下，陈望道经过一番权衡后，最终决定有条件地接受这个职务。条件包括了：一、不受训，根据规定，凡接受训导长职务的都要受训；二、只做半年；三、自己愿意怎样做就怎样做。[①]陈望道在担任训导长的半年中，利用这一身份有力地掩护了学校进步力量，保护了地下党员免遭反动势力的迫害。

　　随着抗战进入相持阶段，国民党见日军攻势放缓，开始调转枪

---

　　①参见陈望道自述、江泽宏口述。转引自邓明以：《陈望道传》，复旦大学出版社2005年版，第191页。

口重新掀起反共高潮。1941年，国民党当局以学校办学经费不足为由，把学校由私立改为国立，同时更将爪牙渗透进学校，对全校师生严密管控。带有进步倾向的陈望道虽然遭到监控，但他从未因此感到畏惧，而是始终竭尽所能为党工作。他旗帜鲜明地鼓励和支持进步师生，从国民党的压制中奋起，开展爱国民主运动。他曾对指定同他联系的地下党员邹剑秋明确表示："请把党的意图告诉我，我会知道怎样行事的。"①例如，陈望道在上课时从不公开点名，这并非他不重视课堂教学纪律，对学生放任不管。而是他坚信，在当时形势环境下，学生决不会无缘无故地缺课，之所以没有来上课肯定是有更重要的事情要去做，对此理应给予支持，而不应用点名的方式去限制他们，或借以暴露他们的行踪，使反动学生有机可乘。

1941年后，大后方陷入白色恐怖之中，各地党组织再次遭到严重破坏，不少地下组织被疏散撤离重庆。学校里有不少与上级党组织失去联系的进步师生，他们强烈希望重新建立一个组织，以便团结更多的进步青年一道开展爱国民主运动。这个要求经刘光汇向上反映后，中共南方局领导人周恩来于1942年作出建立据点的指示。他说："干脆就叫'据点'吧！我们在敌后（指沦陷区）安插了几个据点；在这里（指国民党统治区）也应该安插几个据点。"鉴于陈望道一贯的政治立场和革命态度，地下党组织决定将复旦大学据点办公地点就设于陈望道居住的潜庐中。在中共南方局青年组的领导下，在陈望道的掩护和帮助下，复旦大学的据点工作在潜庐

---

①邓明以：《陈望道传》，复旦大学出版社2005年版，第208页。

如火如荼开展起来。他们按照"勤学、勤业、勤交友"①的三勤方针，通过秘密的或公开的组织形式，联系团结了百余名进步学生参与据点工作，引导他们在阅读、学习和交流中潜移默化地接受党的教育。广大追求真理的进步学生，接受党的召唤，积极投身爱国民主运动，为振兴中华做出力所能及的贡献。

除了充当复旦大学据点的办公场所外，"潜庐"还成为《中国学生导报》社的创办地。《中国学生导报》是一份由复旦进步学生发起、中共中央南方局直接介入领导的，在国统区出版时期最长、影响较大的进步学生报刊。当时，国民党顽固派百般压制大后方抗日民主运动，疯狂镇压进步学生，大肆逮捕学生党员，造成遍地冤狱。而《中国学生导报》的内容主要记录和反映国统区学生抗日民主运动相关情况，发出青年学生反对内战、拥护抗日的爱国之声，以此对抗国民党独裁统治政策。1944 年 7 月 4 日，约 30 名复旦学生在嘉陵江畔的江风茶馆举行了报社成立大会，设立编辑部、经理部、推进委员会和财经委员会，并由杜子才任社长，陈以文任副社长，戴文葆任总编辑。由于当时报刊的出版发行受到严格管控，为获得公开发行的合法地位，最终在张志让、邓初民两位教授的推介下，商请重庆三民主义同志会负责人、在重庆大学执教的甘祠森先生作为报刊发行人。

1944 年 12 月 22 日，《中国学生导报》正式创刊。同日出版的《新华日报》在第一版右上方刊登了醒目广告："《中国学生

---

① 杜子才、戴文葆、李湜：《〈中国学生导报〉在战斗中发展壮大》，杜子才、邓平、方文、罗玉清等：《号角与火种——〈中国学生导报〉回忆录》，中国华侨出版公司 1991 年版，第 12 页。

导报》出版了！"《中国学生导报》是一张四开四版的小型周报，刊头六字是从鲁迅遗墨中辑录出来的，借以表达对鲁迅先生的崇敬和爱戴，抒发向法西斯文化、封建文化、汉奸文化决战的斗志和决心。刊物的四个版面分别报道教育新闻和学校新闻、时政述评和各类专论、文艺消息和生活动态、校园通讯和实际问题，各版主题鲜明、内容聚焦、形式活泼。刊物的发行面极广，从大学到中学，几乎遍及整个蒋管区①，受到学生普遍欢迎，实现了办刊之初明确的"将正在兴起的学校的民主运动迅速推向高潮"②的宗旨。这也验证了周恩来的判断："学生办报给学生看，深知读者需要，深知读者口味，深知引导同伴的方法。"③甘祠森后来回忆，在抗战胜利后，周恩来还再次嘱托："报纸的调子要低一点，要能团结更广泛的同学，要争取长期存在下去"，"要争取在最恶劣的环境中也能存在下去。"④

　　根据史料记载，抗战胜利前后的夏坝还没有通电。每当夜幕降临，进步师生都会围坐在微弱的烛火前，或埋头编校刊物，或商讨革命任务……在陈望道的无声指引下，这些看似微弱的"灯火"，正在给那深沉的黑夜带去无尽的"光明"！

---

　　①邹剑秋：《发扬反帝、爱国、爱笑光荣传统，为祖国的繁荣富强、和平统一大业而继续奋斗》，本书编写组编：《为了祖国的明天》，复旦大学出版社 2002 年版，第 47 页。
　　②杜子才、戴文葆、李湜：《＜中国学生导报＞在战斗中发展壮大》，杜子才、邓平、方文、罗玉清等：《号角与火种——＜中国学生导报＞回忆录》，中国华侨出版公司 1991 年版，第 21 页。
　　③张黎群：《序言：历史目睹者的开场白》，杜子才、邓平、方文、罗玉清等：《号角与火种——＜中国学生导报＞回忆录》，中国华侨出版公司 1991 年版，第 1 页。
　　④立言：《国统区学生运动的号角——＜中国学生导报＞》，《新闻研究资料》，1982 年第 4 期。

护校斗争

图上大旦復
欢迎军管會領尊我们

庆祝接管學習學習再學習
新民主主義的復旦

　　抗战胜利后，面对国民党不遗余力构筑"反共堡垒"，陈望道等进步师生以不畏强暴的革命胆略，进行着艰苦卓绝的抗争，展开一场进步与反动、光明与黑暗的较量。1949 年 5 月27 日，上海解放，复旦大学迎来新生。这所具有光荣革命传统的高等学府得以回到人民的怀抱。

抗战胜利后，饱受战争苦难的中国人民，从严冰酷寒中复苏过来，渴望建立一个真正独立、自由、民主、统一和富强的新中国。然而，国民党统治集团无视民意，倒行逆施，为抢夺胜利果实，重建一党专政，在美帝国主义的支持下阴谋发动内战。在严峻残酷的环境下，复旦校园内的政治氛围也开始变得紧张起来。一方面，国民党当局疯狂向学校倾注反动力量，国民党、三青团、特务分子充斥校园，无时无刻不在控制和监视师生的一举一动，甚至有人叫嚣着要将复旦大学变成"反共的堡垒，灭共的基地"①。与此同时，革命的力量也在不断积蓄，追求真理的进步师生不断涌现，他们以不畏强暴的革命胆略，进行着艰苦卓绝的抗争。一场进步与反动、光明与黑暗的较量自此拉开帷幕。

在国民党不遗余力构筑"反共堡垒"之时，经过东返跋涉，沪渝两地师生汇合江湾。重庆师生的到来，使得校内政治气氛、民主气氛和学术气氛显著高涨，学校的爱国民主力量得到进一步充实和壮大。这股力量中就有包括陈望道在内的一批爱国民主教授们。他们用较高的政治觉悟和科学文化素养，引导着复旦学子积极开展护校斗争。师生紧密配合，互相声援呼应，"形成了一支巨大的革命力量"②同反动势力斗争到底。

面对伟大的正义的学生运动，国民党反动派非但没有克制，反倒变本加厉，任意逮捕，制造血案，不断压制爱国师生的革命活动。1947年5月20日，南京、上海等地数千名学生在南京举行"挽

---

① 王正：《第三次国内革命战争时期复旦大学党的活动》，复旦大学出版社 2000 年版，第 31 页。

② 《民主教授陈望道》，《人民日报》，1949 年 10 月 3 日。

救教育危机联合大游行"，要和平、反内战的学生被污蔑为恣肆暴戾的青年，最终酿成五二〇惨案。惨案发生，随即引发全国性学生运动。复旦进步学生针锋相对，积极参与其中，却又引来反动军警封锁学校，以及恶意制造"子彬院逮捕事件""国权路血案"。在白色恐怖的笼罩下，反感和愤慨成为校园内的普遍情绪，复旦全体教师在"大学教授联谊会"的串联鼓动下开展罢教斗争，陈望道也是这个组织的成员。李正文回忆说，这次罢教犹如"一颗原子弹爆炸一样"，"震醒了全国教育界起来反对国民党的反动统治，进一步掀起了全国民主运动的高潮"[1]。

除了严正抗议外，陈望道还积极保护进步学生免遭反动当局的报复打击。1947年5月30日，新闻系学生何晓沧为躲避特务分子的抓捕，临时前往陈望道家中掩护。因当天他正在生病，一到陈望道家中便倒在楼下的"榻榻米"上睡着了。天刚蒙蒙亮时，陈望道下楼来告诉他，"昨夜特务在他屋外用手电来回不停地照，自己整夜未敢合眼，以应付不测。此刻外面仍在到处抓人，千万不可外出"。接着，陈望道又让他转移到楼上隐蔽起来，直到警报解除才安全出去。[2]1948年8月，新闻系学生、地下党员杨贵昌配合"反美抗蒋"运动，组织演出《黄河》大合唱，遭到反动当局搜查。杨贵昌严厉控诉非法搜查，发动全校学生罢课，后被捕入狱。在狱中的杨贵昌，托前来探监的同学带纸条给陈望道，请求学校出具保释

---

①李正文：《党的亲密战友——张志让同志》，《文史资料选辑》第85辑，文史资料出版社1983年版，第139页。

②1989年9月25日访问何晓沧，邓明以：《陈望道传》，复旦大学出版社2005年版，第216-217页。

证明。陈望道收到纸条，毫不犹豫找到章益校长，联名签署保释单，证明杨贵昌品学兼优，并希望当局将其无罪释放。最终在陈望道的努力下，杨贵昌被营救出狱。①而陈望道一次次保护进步学生的行为，也引来国民党反动派的嫉恨。1948年下半年，国民党特务分子组织一些右翼学生搞了一份"给新闻系陈望道主任的公开信"张贴在校门口，还将抄件送至陈望道家中。公开信中列举复旦新闻系"赤化"的种种表现，并叫嚷陈望道为此"应负总的责任"②。面对种种威胁和打击，陈望道毫不畏惧，继续紧密地同师生团结在一起，在地下党组织的领导下顽强抗争，汇入国统区第二条战线的洪流，为驱走黎明前的黑暗勠力前行。

随着三大战役的全面胜利，人民解放军由北向南势如破竹，与国民党精锐尽灭形成鲜明对比，中国革命的胜利已然迫近。然而，黎明前的天空是最黑暗的。国民党反动派苟延残喘、垂死挣扎，不断加大白色恐怖，复旦地下党组织和师生员工又义无反顾地投入配合上海解放的光荣战斗中。1949年3月12日，国民党当局见败局已定，开始分批将金银财宝、珍贵文物运往台湾，妄图将一个烂摊子留给新生的人民政权，甚至开始酝酿将一批影响较大的高等学校迁往台湾，复旦自然在名单之列。当迁校消息传遍校园，立即遭到广大师生员工坚决反对。在陈望道等一批爱国民主教授的引领下，1000多名师生采取联合签名的方式反对迁校，喊出"保卫学校，

---

① 详见杨贵昌：《深切怀念我的救命恩师陈望道》，上海鲁迅纪念馆编：《陈望道先生纪念集》，复旦大学出版社2006年，第90—92页。

② 邓明以：《陈望道传》，复旦大学出版社2005年版，第220页。

防止破坏，击退黑暗，迎接明天"①的口号，揭开了护校斗争的序幕。

当时，国民党当局提出"应变"的口号，目的是动迁物资、迁校迁厂，以应对共产党和解放军的进攻。复旦师生接过"应变"的口号，积极组织成立"复旦师生员工应变委员会"，由陈望道为召集人，推选校长章益任"应变会"主席，陈望道教授和学生代表程极明为副主席，其余成员均由学校师生员工组成。"应变会"成立后号召广大师生员工"储粮应变"，努力协调各方开展护校运动。"应变会"为了安定人心，组织纠察大队，彻夜轮流巡逻、站岗放哨，制止反动分子的破坏活动。为了防止遭到反动势力的迫害，"应变会"组织学生在学校本部左侧挖防护壕，以便在最危急的时候将全体师生员工及家属集中到本部居住。

1949年5月27日，上海解放，复旦大学也迎来新生。这所具有光荣革命传统的高等学府最终得以回到人民的怀抱。陈望道在新中国成立后回忆上海解放的场景时，曾兴奋地说："当时上海的狂欢，我无法形容，多少年来所日夜盼望的胜利和光明，一旦到来，你说应该是个什么情景呢？想想吧！"②6月20日，上海市军管会代表正式进驻复旦大学。是日上午，复旦校园锣鼓喧天，红旗招展，全体师生汇聚在校门口，夹道欢迎军管会代表来校接管。接管大会于10时10分在登辉堂（今相辉堂）隆重举行，校长章益向接管代表点交学校表册。复旦大学的新生也受到远在北平的毛泽东

---

①王正：《第三次国内革命战争时期复旦大学党的活动》，复旦大学出版社2000年版，第240页。

②《民主教授陈望道》，《人民日报》，1949年10月3日。

的关注。在接管复旦一周后，周谷城收到毛泽东的一封来信，信上说道："革命高涨，大家都是高兴的。前途尚多困难，惟有团结最大多数民众，方能战胜帝国主义的反抗，相期共同努力。"①毛泽东的这封信，令新生的复旦师生备受鼓舞。

---

① 1949 年 6 月 28 日：毛泽东致周谷城信，中央档案馆。

执掌复旦

　　陈望道是新中国成立后复旦大学的首任校长。他积极贯彻落实党的无产阶级教育路线和各项方针政策，竭尽全力地把一所旧大学不断改造建设成为培养社会主义革命和建设人才的新型大学，使得学校面貌焕然一新，作育国士恢廓学风，开启了学校办学历史上的第一次腾飞。

　　1949 年，人民解放军攻坚执锐，解放了全国大部分地区，蒋家王朝的丧钟已经敲响。新中国犹如冉冉升起的太阳，以辉煌的光焰普照大地，迅速地荡涤反动政府留下来的污泥浊水，治好战争的创伤。沐浴在阳光下，重获新生的复旦师生也在欢欣雀跃地表达着投身社会主义改造和建设的热忱和激情。与此同时，一封由上海军事管制委员会陈毅主任、粟裕副主任签署的命令发往了复旦大学。

国立复旦大学：

　　兹派张志让、陈望道、钱崇澍、卢于道、周谷城、潘震亚、李炳焕、章靳以、金通尹、章益、胡曲园、张明养、胡文淑、张薰华、谢发揪为常务委员，张志让为主任委员，陈望道为副主任委员，以周谷城兼教务长，胡曲园兼秘书长，陈望道兼文学院长，钱崇澍兼农学院长，卢于道兼理学院长，潘震亚为法学院长，李炳焕为商学院长，除分令各新任人员即日到职视事外，着该校原有负责人克日办理移交，并将交接情形具报。此令

主任陈毅、副主任粟裕

1949 年 7 月 29 日

　　根据上海军事管制委员会发来的这封命令，陈望道被组织委以新的重任，出任复旦大学校务委员会副主任。由于主任委员张志让工作调动，校务委员会的实际主持工作便落到了陈望道的肩上。陈望道带领全体校务委员积极配合军管会工作，迅速恢复学校的正常教学秩序，帮助在解放前夕遭到国民党特务迫害而离开学校的师生尽快复职复学；有序完成 1950 年院系调整，续聘或新聘冯雪峰、李健吾、倪海曙、周有光等在内的一大批学有专长的学者，不断充

实学校的师资力量；推行集体教学制度，建立在系主任领导下的教研组，开展教学改革，责成各系科制订编写教学大纲和教材；在上级党组织的领导下，开展抗美援朝、土地改革、思想改造等一系列政治运动，提升师生的思想觉悟和政治素养，引导师生进一步拥护党对学校的领导。可以说，在复旦大学实行军事管制的两年时间里，陈望道恪尽职守，主持大局，竭尽全力地把一所旧大学不断改造建设成为培养社会主义革命和建设人才的新型大学。

1952年6月起，全国开展了大规模高等学校的院系调整，十余所高校相关系科和师资力量并入复旦，学校文、理科的基础研究力量极大增强，学校迎来了一次重大发展机遇。然而，院系调整后的复旦也面临着一个复杂的局面，急需一个心胸宽广、作风正派、具备高超领导艺术的校长来驾驭和掌控，而陈望道便是最佳人选。同年秋季，陈望道就院系调整后的复旦大学的性质定位、教育方针和教育任务等一些重大问题向全校师生作了专题报告。他明确指出，复旦大学已经由旧式英美体系的大学彻底转变为一个名副其实的新复旦。新复旦必须贯彻新中国高等教育的方针，为新中国大规模的经济建设和文化建设培养高级人才，培养具有高度文化水平、掌握现代科学和技术成就、全心全意为人民服务的高级建设人才，尤其是培养科学研究人才以及大专院校和中等学校的师资。[1]这一报告也构成了陈望道后来办学治校的基本方针和核心理念。

1952年11月，毛泽东主席正式任命陈望道为复旦大学校长。陈望道由此成为新中国成立后复旦大学的首任校长。出任校长后的

---

[1]参见邓明以：《陈望道传》，复旦大学出版社2005年版，第235-236页。

陈望道在党的领导下，积极贯彻落实党的无产阶级教育路线和各项方针政策。首先，他对学校的行政制度进行改革。当时学校开始实行校长责任制，即在党委领导下的校长分工负责制。善于把握分寸的陈望道，集中精力掌管好学校的行政事务，该由他负责的事，他当仁不让，表现出毫不退让的执着，而对于一些无关紧要的事，只是过问一下。①陈望道最为重视的是每周一次的校长办公会议和每学期一次的校务委员会会议，他总是雷打不动地亲自参加并主持会议。校长办公会议是学校的最高执行机构，主要商议和作出学校行政和教学方面的重大决定。陈望道向来主张不开无准备的会议，为了提高开会质量和效率，他多次强调校办主任在会前要根据学校中心工作提出主要议题，而且必须是学校各部门间无法解决的重大问题，经由他审核修改后，通知各分管校长及有关部门开会充分讨论，他才发表结论性的意见。而校务委员会会议是就全校性的重大计划、规章制度、经费预算及奖惩等事项征求意见的机制。据陈望道的秘书蓝聚萍回忆，在校长办公会议上初步研究商定的事项，陈望道经常会让校长办公室秘书分头上门征询各校务委员集思广益，汇总后再开校长办公会议研究表决。这种上下沟通的民主作风，调动了校务委员们的积极性，有效发挥了校务委员会的集体领导作用。②

重视科学研究也是陈望道一直秉承的重要办学理念。他曾把高等学校的发展划分为三个阶段，分别是办校务的阶段、教务的阶段、

---

①参见龚向群：《紫薇径与望道门》，上海鲁迅纪念馆编：《陈望道先生纪念集》，复旦大学出版社2006年，第147-148页。
②参见蓝聚萍：《纪念陈望道老师 学习陈望道老师》，上海鲁迅纪念馆编：《陈望道先生纪念集》，复旦大学出版社2006年版，第157页。

科学研究的阶段。他认为："综合大学负有两个重要的任务：一个是教学任务，要为国家大量地培养从事基础科学的研究工作和教学工作的专门人才；还有一个是科学研究任务，对于国家负有发展基础科学、提高文化科学水平的责任"，"如果一所学校只停留在办校务和教务的阶段，不进一步向科学研究阶段发展，这所学校的教学质量和学术水平肯定不能提高"，甚至"会滚到教条主义和学究主义的泥坑里去"。为此，他经常鼓励教师"脱离教书匠的称号"，"一定要从事科学研究，要进行创造性劳动"①。于是，从1953年9月综合大学会议之后，学校有计划有领导地、全校性地开展科学研究工作。②1954年，学校开始在每年校庆节举办科学报告讨论会。1955年，学校开始每年制定科学研究计划，组织科学力量开展科学研究工作。1956年，中共中央向全国知识分子发出"向科学进军"的号召和"百花齐放、百家争鸣"方针，进一步激发了学校教师的科学研究热情。③在当年1月底的校务委员会上，通过《关于科学研究工作当前要求的决议》④，针对学校情况提出了"由低到高、由小到大、逐步发展、逐步提高"和"以先进带动落后"的初步规划⑤。

---

①参见邓明以：《陈望道传》，复旦大学出版社2005年版，第276页。
②参见陈望道：《〈复旦学报〉发刊辞》，焦扬主编：《陈望道文存全编》第7卷，复旦大学出版社2021年版，第182页。
③参见陈望道：《在1958年校庆节纪念大会上的开幕辞》，焦扬主编：《陈望道文存全编》第7卷，复旦大学出版社2021年版，第203页。
④参见陈望道：《复旦大学五十一周年校庆节第三次科学讨论会开幕辞》，焦扬主编：《陈望道文存全编》第7卷，复旦大学出版社2021年版，第187页。
⑤参见陈望道：《在1958年校庆节纪念大会上的开幕辞》，焦扬主编：《陈望道文存全编》第7卷，复旦大学出版社2021年版，第203页。

自此，在陈望道的领导下，复旦大学面貌焕然一新，作育国士恢廓学风，开启了学校办学历史上的第一次腾飞。一如学校校歌歌词中所言：沪滨屹立东南冠、震欧铄美声名满。

校名校庆

　　一所大学的校名校庆，是承载这所学校的历史底蕴、文化内涵、办学理念、精神气质的重要载体。复旦大学历经百余年风风雨雨，在陈望道的推动下，毛泽东主席为学校题写的校名成为当之无愧的金字招牌，5.27"学术校庆"也成为一代代复旦人的共同节日。

　　一所大学的校名，不只是一个简单的名号；一所大学的校庆日，也不只是一个欢聚的日子。它们都是承载这所学校的历史底蕴、文化内涵、办学理念、精神气质的重要载体。复旦大学历经百余年风风雨雨，"复旦"二字成为当之无愧的金字招牌，而"5.27"校庆日也成为一代代复旦人的共同节日，这背后都离不开陈望道的付出。

　　先说校名。复旦大学前身为震旦学院，因震旦学院被法国天主教会劫夺，马相伯率领师生离校出走，重新创办"复旦公学"。"复旦"二字取自《尚书大传》中的"日月光华，旦复旦兮"，同时也有"恢复震旦"之意，寄托了马相伯等创校先贤自强不息、教育救国的理想。陈望道对复旦校名极为珍视，曾专门致信邀请毛泽东主席题写校名，还在更改校名风波中坚持保留"复旦"二字。

　　1950年11月，教育部秘字第6704号通知学校正式校名确定为"复旦大学"，取消原"國立"两字。为了更换校门匾额[①]，时任校务委员会副主任委员的陈望道[②]，根据师生员工的愿望，致信恭请毛泽东主席为学校题写校名。然而，信函发出后迟迟未得到回复。次年，学校征得主席办公厅同意，暂时辑取毛泽东主席写给历史系教授周谷城信的信封上"復旦大學"四字制成横匾，于校庆前后安置在校门门楣上。约在1951年下半年，陈望道赴京开会时，专程拜会校务委员会主任张志让，谈及函请毛泽东主席为学校题名之事，企望张志让有机会再向毛泽东主席禀报一下。后来，张

---

　　①原匾"國立復旦大學"为当代草圣、素有"复旦孝子"之称的于右任于1946年所书。
　　②校务委员会主任张志让被任命为最高人民法院副院长，在北京任职，校务工作实际由陈望道负责。

志让请时任最高人民法院副院长的吴溉之转托毛泽东主席秘书代呈请求。同年年底，张志让便收到一封毛泽东主席的亲笔信件，里面装有一张尺寸为 27.5 厘米×13.9 厘米的宣纸，上面是毛泽东主席亲笔题写的"復旦大學"四字，题字未落款。张志让收到来信，便将题字原件发往复旦。[①]陈望道收到后，立即吩咐校长办公室，将题字放大复制成一长形白底黑字的木板直书匾额，悬挂于校门水泥柱上，并缩小复制后用于学校信封、信笺、校徽等，沿用至今。[②]

更改校名风波的背景是，1952 年学校拟与苏联列宁格勒大学结为姊妹学校。列宁格勒大学是以城市命名的，故有人提议将校名改名为上海大学，还有人拿出北京大学、南京大学加以佐证，认为用城市名称来冠名这座城市最著名的大学最为合适。[③]对此，陈望道不以为然，坚持认为"复旦"是一个具有纪念意义和深刻含义的校名，凝结了一代代复旦人的精神寄托，更见证了一代代复旦人一路走来的光辉历程，应该一直将"复旦"之名沿用下去。一时间，校内师生众说纷纭，莫衷一是，难有定论。但是，陈望道始终持保留意见，在一次全校大会上，他就更改校名一事表明了态度："日月光华，旦复旦兮，光华已经没有了，我看复旦还是留着吧！"在陈望道的一再坚持下，时任上海市委书记的柯庆施也予以支持，他发话表示："复旦改校名的事就到此为止，以后不要再提了。"于

---

①参见郑宝恒：《毛泽东主席为复旦大学题写校名始末》，《校史通讯》第 132 期，2018 年 11 月 30 日。

②1956 年 9 月，学校曾一度启用陈望道手写简体"复旦大学"四字制作于校徽、信封、信纸和校刊等，直至 1965 年 5 月停止使用。期间，校门匾额仍挂毛主席题词。

③逢周、陶方宣：《陈望道与复旦大学校名之争》，《党史博览》2023 年第 7 期。

是，这场关于校名的争论才最终得以平息。①

再说校庆日的明确。1950年5月8日下午，学校召开第24次校务委员会全体会议。与会代表有钱崇澍、章益、李炳焕、金通尹、陈望道、章靳以、周谷城、罗文宗、胡曲园、张明养、张薰华、胡文淑、潘震亚共13人，陈望道担任会议主席。会议上，陈望道提出将5月27日定为校庆日的议案，还向与会人员阐述理由。他认为，5月27日是上海解放的日子，也是复旦大学获得新生的日子，选择这一天作为校庆日，就是为了彰显上海解放对于复旦迈向新征程的重要意义。陈望道的提议得到了所有与会代表的认可和积极响应。根据会议记录记载："拟定五月二十七日为校友节或校庆节案，决议：规定五月廿七日为本校校庆节。"自此，学校便以5月27日为校庆日②。每逢这一天，全校师生都会齐聚一堂，共同庆祝这个属于复旦人的独有纪念日。1954年5月27日，陈望道在校庆大会上发表演讲，再一次阐释了校庆日的深厚内涵。他讲道："我们复旦大学的师生非常欣幸上海的解放，非常珍重解放对于我们文化教育事业的历史作用和历史意义，所以上海解放以来的五年中间，我们都以今天这个全上海解放的纪念日作为我们的校庆节日。"③

为了庆祝校庆，陈望道还首倡举办科学报告讨论会。在他看来，

---

① 参见陈振新、朱良玉：《充满爱心的陈望道：为保护学生得罪校长》，《文汇报》，2011年6月30日。

② 5月27日这一日子与复旦大学颇有渊源。1905年5月27日（阴历），复旦公学在《时报》上登载《前震旦学院全体干事中国教员全体学生公白》，声明震旦早已解散，现教会之震旦与原震旦学院丝毫无关。原震旦现已更名为复旦公学。这是"复旦"校名第一次公开于社会。

③ 陈望道：《在庆祝校庆大会上的开幕辞》，焦扬主编：《陈望道文存全编》第7卷，复旦大学出版社2021年版，第180页。

高校教师"一定要从事科学研究，要进行创造性劳动，否则文化事业就不能发展，教育事业也不能发展"。"一个学校如果不发展科学研究就必然会滚到教条主义和学究主义的泥坑里去"①。1954年庆祝建校 49 周年之际，复旦大学举办了首届科学报告讨论会。根据现存报告提纲汇编，首届科学报告讨论会分成中文、外文、历史、新闻、经济、数学、物理、化学、生物 9 个分组，数十位名家教授作专题报告。陈望道还专门为首届科学报告讨论会的胜利召开写下一段祝贺词："综合大学应当广泛地经常地，结合教学，开展科学研究工作，为祖国建设服务。今年校庆的种种活动，如举行科学讨论会、著译展览会等，就以促进科学研究为中心。这是一个创举，希望大家合力完成这个创举。希望大家踊跃发表现有的成就，争取更大的胜利。"自此以后，一年一度的"学术校庆"成为惯例，这既是对全校师生一年来科研成果的一次大检阅，也是学校营造科学研究的浓郁氛围和百花齐放、百家争鸣良好生态的有效途径。直到今天，"邂逅一场学术报告"仍然是每一位复旦师生的校庆记忆。

---

①转引自邓明以：《陈望道传》，复旦大学出版社 2005 年版，第 276 页。

保家卫国

1950 年"抗美援朝，保家卫国！"成为时代最强音，复旦青年闻令而动，在祖国的召唤下积极参军、参战、支前。陈望道亲自到车站为学生壮行，在学生们的参军纪念册扉页上，郑重写下"和平砥柱"四个大字，响亮地喊出了亿万中国人民坚决抗击美帝国主义侵略的心声。

1950 年 6 月，朝鲜内战爆发后，美国政府从其全球战略出发，作出武装干涉朝鲜内战的决定，越过朝鲜"三八"线，陈兵国门，把战火烧到中国东北边境，严重威胁中国安全。值此危急关头，中国人民志愿军肩负着人民的重托、民族的期望，高举保卫和平、反抗侵略的正义旗帜，雄赳赳、气昂昂，跨过鸭绿江，开赴朝鲜战场浴血奋战。面对美帝国主义疯狂侵略，中国人民的愤怒被彻底激起。为了制止战争，为了保卫世界和平，全国上下在爱国主义旗帜感召下，同仇敌忾、同心协力，开展起波澜壮阔的抗美援朝运动，"抗美援朝，保家卫国！"成为时代最强音，响彻华夏大地。

在陈望道亲自领导和主持下，复旦大学的抗美援朝运动也轰轰烈烈地开展起来。学校校务委员会召集党支部、工委会、学生会、团委等 8 个组织的负责人，成立了"复旦大学抗美援朝、保家卫国工作委员会"。11 月 24 日，校务委员会会议又决定，改组"抗美援朝、保家卫国工作委员会"，成立"保卫世界和平、反对美国侵略工作委员会"，陈望道进一步主持完善了学校抗美援朝运动的领导机制。11 月底，全校掀起抗美援朝捐献运动，不到半个月的时间内，筹集献金 5000 多万元（旧币）、慰劳袋 711 个、棉手套 597 双、慰问信 506 封，各系纷纷订立《爱国公约》。①这些声势浩大的宣传活动，极大地激发了师生的爱国热情，提升了民族自尊心和自信心，亲美、恐美、惧美思想得到彻底根除。

为激发广大青年支援抗美援朝战争，中央人民政府人民革命军

---

① 《复旦大学百年纪事》编纂委员会编：《复旦大学百年纪事 1905-2005》，复旦大学出版社 2005 年版，第 183 页。

事委员会和政务院于 12 月发布了《关于招收青年学生、青年工人参加各种军事干部学校的联合决定》。陈望道坚决拥护中央决定，引导广大青年闻令而动，在祖国的召唤下作出最迅速的反应，积极参军、参战、支前。在同学们即将奔赴战场之际，陈望道作为复旦大学保送委员会主任，亲自到车站为学生壮行。在反复思量后，陈望道在学生们的参军纪念册扉页上，郑重写下"和平砥柱"四个大字。这简洁有力的四字箴言，既响亮地喊出了亿万中国人民坚决抗击美帝国主义侵略的心声，也表达了对复旦青年面对强敌敢于斗争、敢于胜利的强大信心！带头报名参加志愿军的新闻系学生蓝聚萍回忆道："这是给我们最宝贵的礼物。"[1]

据统计，上海全市有 2 万多名学生、9000 多名青年工人报名参加军事干部学校。复旦大学踊跃报名参加军事干部学校者达 800 余人，最后经批准的有学生 283 人、教员 3 人，是上海入选军事干部学校人数最多的高校。商学院院长李炳焕、外文系教授余楠秋等不仅鼓励同学积极报名，而且动员自己子女投笔从戎。踏上军旅的复旦学子被分别安排到空军、海军、炮兵、公安等部门，"有的直接到朝鲜做教育美军俘虏的工作，有的参加了举世闻名的上甘岭战役，在不同的部队、不同的岗位上，都多次立功受奖"[2]。

随着战争形势的变化，针对交战双方力量悬殊，陈望道提出必须对抗美援朝运动的长期性有足够的认识。12 月 5 至 6 日，上海

---

①蓝聚萍：《纪念陈望道老师 学习陈望道老师》，上海鲁迅纪念馆编：《陈望道先生纪念集》，复旦大学出版社 2006 年版，第 155 页。

②《蓝聚萍：《纪念陈望道老师 学习陈望道老师》，上海鲁迅纪念馆编：《陈望道先生纪念集》，复旦大学出版社 2006 年版，第 155 页。

各界人民抗美援朝、保家卫国代表会议在逸园举行。陈望道出席会议并作了发言，汇报了抗美援朝战争爆发以来上海高等教育界把抗美援朝爱国运动作为压倒一切的中心工作的若干举措和经验成效。他还在发言中提出 7 条号召上海高教同仁共同遵守的行动倡议：一、加强时事学习，遵守学习公约，决定肃清亲美惧美思想。二、努力工作，进一步改进教学，在教学中结合时事教言，贯彻爱国主义和国际主义教育，激发青年学生爱国热情，鼓励青年学生参加军事干部学校，加强国防建设。三、积极支援前线志愿部队，发动写慰问信、做慰问袋、捐款、捐物及其他一切精神上物质上的援助。四、积极支持中国代表团在联合国的斗争，以实际行动做他们的后盾。五、积极参加对外宣传，进行演讲、座谈、写文章、文娱活动等工作。六、积极参加冬防，进行防匪、防特、防火等工作，保护学校。七、保证不听"美国之音"，消灭一切谣言。①12 月 14 日，陈望道又主导发起上海高等学校全体教师示威游行。游行队伍以中朝两国国旗及乐队为前导，陈望道等 54 名高校教授组成红旗队，领导着全体高等学校教师们迎着寒风阔步前进，"以各种爱国的实际行动来回击美帝国主义对我们的侮辱及侵略"②。

"打得一拳开，免得百拳来"，面对新中国的立国之战，陈望道时刻关注着这场事关国家和民族前途命运的伟大抗争，始终坚守教育工作者的职责，号召青年学生为祖国的和平建设服务。广大复

①陈望道：《抗美援朝保家卫国代表会上代表高教界的发言》，焦扬主编：《陈望道文存全编》第 7 卷，复旦大学出版社 2021 年版，第 164 页。
②《沪大学教师三千人示威 决心保卫世界和平制止美帝侵略 以爱国的实际行动回击美帝侮辱》，《人民日报》，1950 年 12 月 16 日。

旦青年学子也在陈望道校长的激励下，以满腔的爱国赤诚在不同的战场上，用实际行动践行着"服务、牺牲、团结"的复旦精神，为抵御帝国主义侵略扩张，捍卫新中国安全，保卫中国人民和平生活贡献源源不断的青春伟力。

续办新闻

复旦大学新闻系是国内最早创办新闻教育的系科之一。经过近百年的风雨洗礼，始终矗立不坠、坚持办学。陈望道作为复旦大学新闻教育的实际创始人，连续多年担任新闻系主任一职，又在 1952 年院系调整中奔走呼号，挽救险些面临停办危机的复旦大学新闻系。

　　复旦大学新闻系是国内最早创办新闻教育的系科之一，经过近百年的风雨洗礼，始终箕裘不坠、坚持办学，这背后与陈望道有着密切关联。陈望道不仅是复旦大学新闻教育的实际创始人，又连续多年担任新闻系主任一职。可以说，他是当之无愧的中国新闻教育的重要开拓者之一。

　　最早在 1924 年，有着丰富办报经验的陈望道，鉴于我国报业不兴、人才奇缺的现状，在复旦大学中文系任教期间率先开设"新闻学讲座"课程。1926 年，陈望道在开设"新闻学讲座"的基础上，将其扩充为在中国文学科下的新闻学组，并继续由他和邵力子共同负责新闻学课程的讲授。有了陈望道等人的创辟，到了 1929 年，复旦大学按照国民政府教育部《大学组织法》调整系科，将新闻专业独立成系，成为全国首创的新闻教育专门机构。当时《复旦大学新闻学系简章》中写明了新闻系开办的目的就是要培养"本国报馆编辑人才与经营人才"。在新闻系建立之后，陈望道不再介入新闻系的管理工作，但仍坚持杏坛布道，在新闻教学上持续给予支持，直至 1931 年因故离开复旦大学。1940 年秋，陈望道辗转重庆，重回复旦大学任教。由于当时新闻系主任程沧波前往印度办报，系主任一职暂由陈望道代理。1942 年 9 月，陈望道正式接任新闻系主任一职，直到 1950 年 7 月才辞去这个职务。

　　在近 8 年的时间里，陈望道全面推进新闻系开拓性建设，在办学目标、课程设置、师资建设和教学方法上都有长足的发展。他把"宣扬真理，改革社会"定为办系指导思想，确定"好学力行"作为新闻系系铭，奠定了新闻系立系的根基和魂脉；他在课程设置上，强调"广博知识，学有专长"，注重实用而又与社会需求紧密相连，在师资力量上，频繁邀请新闻界名流到校讲座；他鼓励新闻学子"要有广阔的知识，要有健康的体魄，要有灵敏的头脑，要有下笔如神的才能，更重要的是，为了这个崇高的事业，必要时要付出自己的生命"①；他创办经营的新闻馆更是全校爱国进步力量的活动中心，新闻系也随之成为"复旦大学进步力量最强的系之一"②。这些都为后来复旦大学新闻系的蓬勃发展奠定了坚实基础。

新中国成立后，根据全国教育工作会议确定的"借助苏联经验，建设新民主主义教育"的总方针，上海地区为了加强对新闻教育的领导，陆续对各大新闻教育机构进行调整。暨南大学新闻系停办，学生 20 多人转入复旦大学；中国新闻专科学校解散，学生 30 多人来复旦大学参加甄别考试；华东新闻学院王中、余家宏、杜月村三位教师调入复旦大学新闻系任教；民治新闻专科学校停止招生，学生 11 人并入复旦③……一时间几乎上海地区所有的新闻专业师生都并入复旦大学。随着人员的不断变动，也不可避免地带来了人际关系复杂的问题。作为系主任的陈望道亲力亲为，指导处理，稳定人心。蓝聚萍回忆曾在 1949 年 10 月初新闻系召开的迎新会上，陈望道给学生们上"第一堂课"时就强调，"不管新生老生，不管从哪里来的学生，都是复旦大学新闻系的学生，都是新闻系大家庭的一员，是一家人"，"要团结，要互相学习，互相关心。解放了，新中国成立了，希望全体师生共同努力把新闻系办得更好。"④

---

①程极明：《青年的导师和同志》，上海鲁迅纪念馆编：《陈望道先生纪念集》，复旦大学出版社 2006 年版，第 114 页。

②程极明：《上海复旦学运回忆片断》，王正：《第三次国内革命战争时期复旦大学党的活动》，复旦大学出版社 2000 年版，第 315 页。

③李建新：《中国新闻教育史论》，新华出版社 2003 年版，第 182-183 页。

④蓝聚萍：《纪念陈望道老师 学习陈望道老师》，上海鲁迅纪念馆编：《陈望道先生纪念集》，复旦大学出版社 2006 年版，第 153 页。

然而，一波未平，一波又起。到 1952 年的高校院系调整时，复旦大学新闻系又险些面临停办危机。当时，有关部门以苏联只有党校才能办新闻系为由，准备停办复旦大学新闻系。与复旦大学新闻系同样有名的燕京大学新闻系并入北京大学后，也没有独办新闻系，只是在中文系中设置了一个编辑专业。得知消息的陈望道，尽管此时已因公务繁忙辞去新闻系主任一职，但对此事仍十分上心，专门两次赶赴北京，先找教育部门协商，未果后又找到周恩来总理请示，希望不要停办复旦大学新闻系。后来，毛泽东主席听了周恩来总理的汇报后当即表态"既然陈望道要办，就让他办吧"①，才最终使得复旦大学新闻系得以保留。

除了在中央层面不遗余力地争取保留复旦大学新闻系的办学资格，陈望道还给中共中央华东局书记魏文伯写了一封复办新闻系的建议信，并亲自与华东局、上海市委有关部门联系，阐明其中意义以寻求支持。当他得知要复系面临的最大难题是师资问题时，便动员当时在复旦大学中文系任教的王中教授出任新闻系主任，并迅速组建了由他领衔的师资队伍。为了解决新闻系复办的教室、设备等困难，他又多次与有关方面协商，借用中文系阶梯教室作为新闻系教学场所，并动员各方力量购置必需的教学设备。复系后，陈望道更是对新闻系的发展关爱有加。据当年从海外归来任教的甘惜分教授回忆，在陈望道的支持下，复系的新闻系成了团结和谐的集体，教师们心情舒畅，工作热情高涨。由此，复旦大学新闻系成为全国高校中历史最为悠久且唯一薪火不辍的新闻教育机构。

---

①陈振新：《陈望道与复旦大学新闻系》，《义乌商报》，2009 年 10 月 19 日。

从事新闻教育的十余年间，陈望道为续办和发展复旦大学新闻系作出了不可磨灭的巨大贡献。如今，陈望道已然成为复旦大学新闻学院的精神标识。正如在新闻学院独立院区前的广场上，静静地矗立着一尊陈望道半身铜像，在它的守望下，复旦新闻这座"记者摇篮"将继续在时代长河中高擎真理火炬，鼎立潮头，奔腾向前。

规范语言

1955 年，第一届全国文字改革会议采纳陈望道的建议，将普通话的定义修改为"以北京语音为标准音、以北方话为基础方言"，并于次年 2 月 6 日以国务院名义正式发布《关于推广普通话的指示》，在全国范围内推广普通话。

普通话的普及和拼音文字的采用，是中国作为一个现代国家不可缺少的条件。1982 年，第五届全国人民代表大会第五次会议审议通过了新修改的《中华人民共和国宪法》。新修改的《中华人民共和国宪法》在总结全国推广普通话 20 多年经验的基础上，将"国家推广全国通用的普通话"写入其中，第一次以国家根本大法的形式赋予了普通话作为国家通用语言的地位。这一刻的到来，凝聚着陈望道等一代语言文字工作者的恒久期盼与不懈努力。

在中国古代，虽然也有"雅言""官话"等较为规范的汉语通用语，但其普及程度非常低，普通老百姓往往无缘接触。近代以来，文字改革的热潮不断掀起，进步知识分子也提出了各种各样的改革要求和方案，但都没有取得成功。在作为亲历者的陈望道看来，以往阻碍文字改革的主要原因是统治者的反动和落后，他们惧怕文字改革，惧怕广大劳动人民掌握文化武器。而在新中国成立后，过去的政治阻碍已不复存在。为此，陈望道等人不止一次地欢呼："文字改革不再是理想，而将成为事实，这是毫无疑义的。过去多少文字改革运动者长期不能实现的愿望，在社会主义时代将得到实现。"①

随着社会主义建设的快速发展，文字改革与推广已成为迫在眉睫的重大问题。1954 年 10 月，周恩来总理提议并主导设立"中国文字改革委员会"作为国务院的直属机构，领导全国开展文字改革工作。1955 年，教育部和"中国文字改革委员会"在北京联合

---

①陈望道：《在第一次全国文字改革会议上的发言》，焦扬主编：《陈望道文存全编》第 4 卷，复旦大学出版社 2021 年版，第 176 页。

召开第一届全国文字改革会议，这是历史上第一次全面讨论文字改革问题的会议。上海新文字工作者协会主席陈望道作为上海代表团领队参加会议，并与王力、叶圣陶、老舍、邵力子、胡乔木等人共同被推举为主席团成员。在会议期间，陈望道作了重要发言，他把这次会议视作对过去六十多年文字改革运动的总结，也是这一改革理想成为现实的开端。

这次全国文字改革会议的中心任务，即在于讨论、修改《汉字简化方案》（草案）和大力推广普通话。然而，究竟什么是"普通话"？如何给予"普通话"一个科学定义？这是一个需要仔细推敲的问题。其实，关于这个问题，早在陈望道发起"大众语运动"时，就有所思考。当时，他就呼吁大众语的目标要做到"三种统一"，其中包括"统一各地的土话"走向统一的普通话。此外，陈望道还专门论述过北平话与普通话的关系，既肯定北平话作为普通话基础的作用，又明确普通话高于北平话的超方言的普遍性、共同性。[1]而经过数十年的思考和沉淀，在这一次会议上，陈望道再一次对确定普通话的科学含义和规范化标准作出了重大贡献。

当时，北方话在中国分布最广，事实上已成为汉民族共同语的基础；而北京作为几百年来的政治中心和文化中心，"官话"的语音一直是以北京语音为标准的。因此，采用北京语音做普通话的标准音是比较合适的。于是，大会未经深入讨论，就匆忙下了结论，规定普通话就是"以北京话为标准"。陈望道到会后，发现这个规

---

①陈光磊：《陈望道先生对现代中国语言学的历史贡献》，上海鲁迅纪念馆编：《陈望道先生纪念集》2006年版，第359-360页。

定犯有逻辑性错误，于是立马指出，如此定义的话，普通话也就是北京话，所谓普通话也不存在了；给普通话下定义，恰恰取消了普通话。当这一意见被反映上去后，中央领导对此十分重视。胡乔木连夜召集一些专家开紧急会议进行讨论修改，陈望道在会上再一次陈述了意见。经过讨论后，会议采纳陈望道的建议，将原先的定义修改为"以北京语音为标准音、以北方话为基础方言"①，并于次年2月6日，以国务院名义正式发布《关于推广普通话的指示》，在全国范围内推广普通话。

普通话的定义既已明确，下一步便是将其推广，使广大人民群众能够学会普通话，并将其应用到生产生活当中。对此，陈望道提出了许多办法，其中十分重要的一项，便是形成"一种现代的、科学的拼音方案"②以提高普通话的教学效率。汉语拼音方案有着悠久的历史，以明代传教士利玛窦于1605年出版《西字奇迹》为起点，已经超过四百年了。尤其是20世纪以来，注音字母、国语罗马字、拉丁化新文字，形形色色的拼音方案纷至沓来，但始终未能形成一致的意见。仅仅新中国成立后至1955年8月底这短短几年中，中国文字改革委员会便收集到了655个汉语拼音方案。对此，陈望道早已有了初步构想，他认为"汉字教学应当用同一种拼音工具在字旁注音。字旁注音是学习汉字的很好办法"，如此才能在普通话的学习中避免汉字学习进度缓慢的限制。③

---

① 在正式发布的《关于推广普通话的指示》中又对该定义增加了"以典范的现代白话文著作为语法规范"的内容。

② 陈望道：《在第一次全国文字改革会议上的发言》，焦扬主编：《陈望道文存全编》第4卷，复旦大学出版社2021年版，第177页。

③ 陈望道：《在第一次全国文字改革会议上的发言》，焦扬主编：《陈望道文存全编》第4卷，复旦大学出版社2021年版，第177页。

　　1957年冬，经过国务院组织汉语拼音方案审订委员会的前期工作，完成了《汉语拼音方案》（草案）并经国务院审核通过，拟提交次年2月召开的全国人大一届五次会议审议。亲自主抓这项工作的周恩来总理命令立刻派人到上海找陈望道，做好上海的工作。周总理表示，上海是文字改革的"半壁江山"，上海的工作做好了，人大批准就问题不大了。几天后，陈望道看到倪海曙带来的方案草案，马上与上海市政协办公室联系，布置开会讨论，绝大多数人都对《汉语拼音方案》草案表示同意。①经过多年探索，《汉语拼音方案》最终于1958年2月11日正式颁布。

　　如今，陈望道当年的构想，已春风化雨，飞入千家万户，成为每一代人在成长道路上必然要经历的过程。百姓日用而不知，是为大道。如今，我们仍然沿着陈望道一生致力的这条文字改革的"道"，坚定向前，步履不停。

---

　　①参见倪海曙：《春风夏雨四十年——回忆陈望道先生》，知识出版社1982年版，第54-55页。

风雨同舟

长期共存　互相监督
肝胆相照　荣辱与共

　　1951年6月，陈望道加入民盟，亲历并见证了新中国成立后民盟的发展。在主持民盟市委工作期间，陈望道积极贯彻党关于民主党派工作的政策，以宽广的胸襟和不凡的气度，受到党内外人士的敬重和爱戴，为民盟工作迅速打开新局面。

中国民主同盟（以下简称"民盟"）是在民族危机空前严重时刻，受抗日民族统一战线旗帜的引领，于 1941 年 3 月 19 日在重庆上清寺"特园"秘密成立的政治党派，当时的名称是中国民主政团同盟。新中国成立后，民盟以中国人民政治协商会议通过的《共同纲领》为政治纲领，在中国共产党的领导下，积极参加新中国人民政权建设，推动盟员和盟所联系的知识分子积极服务于社会主义事业。

复旦大学与民盟的关系十分紧密，抗战时期就有不少师生加入民盟，积极参加民盟活动。上海解放前夕，复旦大学就已存在一个接受民盟学生区分部领导的学生盟员小组，还有部分教师参加民盟上海第五区分部（大学教授）的组织活动。[1] 1951 年 6 月，陈望道经沈志远、苏延宾介绍，亲笔填写入盟申请表加入民盟，并与孙大雨、严北溟组成了复旦大学第一个公开的民盟组织——民盟复旦大学小组[2]。此后，陈望道长期在民盟组织中担任重要领导职务，历任民盟上海市第三届副主任委员，四、五、六届主任委员以及民盟第三届中央副主席。可以说，陈望道亲历并见证了新中国成立后民盟的发展。

在主持民盟市委工作期间，陈望道政治观念很强，坚决拥护中国共产党的领导，积极贯彻党关于民主党派工作的政策。1956 年 4 月，毛泽东在中央政治局扩大会议上发表《论十大关系》的讲话

1. 参见《复旦大学百年志》编纂委员会编：《复旦大学百年志 1905-2005》（下），复旦大学出版社 2005 年版，第 2025 页。
2. 参见严北溟：《我在民主运动中入盟》，上海市政协文史资料编辑部编：《上海文史资料选辑（上海民盟专辑）》，2006 年版，第 72 页。

中首次提出了"长期共存，互相监督"的八字方针，成为社会主义革命和建设时期中国共产党正确处理和各民主党派相互关系的政策方针。同样，这也是陈望道领导开展民盟工作的根本准则。他常对民盟市委的其他领导成员强调，要领导好民盟的工作，关键在于执行好党的政策，时时与同级党组织取得密切的联系，盟内重要问题要注意听取统战部的意见。他还生动地举例说："在平时工作中，若是在经济上多花费一些开支，这个损失毕竟有限，因而事不算大；如果偏离了党的方针政策，就会犯政治上的大错误，这可是涉及方向性问题的大事。作为一个民盟市委领导成员，在执行党的方针政策这个问题上，决不能有丝毫含糊，否则会造成很大的损失。"[1]此外，陈望道还曾谈到他对党性的思考，他认为"党性不一定要是党员才讲究，非党员也最好讲讲党性，尤其是民主党派与民主人士"[2]。

当然，正如李维汉所指出，中国共产党对参政党的领导，"决不意味着我们党有超越它们之上的权力，决不意味着我们党可以把它们当作附属的团体，决不意味着我们可以去命令、干涉或者控制它们"[3]。陈望道也辩证地提出，"我们依靠党的领导，我以为要我们自己负责贯彻执行，不要一切推给党，不要使人发生怀疑、错觉，也要使民主党派的成员有充分的机会学习、锻炼。"[4]正是基

①访问寿进文等记录，转引自邓明以：《陈望道传》，复旦大学出版社2005年版，第243页。
②陈望道：《两件大事》，焦扬主编：《陈望道文存全编》第7卷，复旦大学出版社2021年版，第196页。
③中国人民政治协商会议全国委员会研究室编：《老一代革命家论人民政协》，中央文献出版社1997年版，第233页。
④陈望道：《两件大事》，焦扬主编：《陈望道文存全编》第7卷，复旦大学出版社2021年版，第197页。

于对中国共产党领导的多党合作和政治协商制度的清醒认识，陈望道始终能够在领导民盟工作时重视有效发挥民盟组织的参政党作用，推动民主人士发挥自身专长为社会主义建设服务。1958年，他在民盟组织内写的一份思想小结中畅谈展望时指出："要做好工作，必须紧密依靠党的领导，也必须充分发挥干部的集体智慧，结合民盟的特点，创造性进行工作，才能在盟内创造成一个生动活泼的政治局面，以便取得潜移默化共同提高的效果。"①

团结爱国民主人士和知识分子是民盟的一项重要任务，陈望道在做知识分子工作时，总是秉持公心，冷静持重，给予知识分子热情关怀和无私帮助。他曾说："盟组织平时要关心盟员的工作、思想、生活情况，要互相帮助，工作要搞得深入细致，对不同的人采取不同的方式，看到同志有好的表现要及时鼓励；看到有缺点，要好好帮助。"②在20世纪50年代后期，由于知识分子政策出现了"左"的偏差，导致反右派斗争扩大化，不少民盟盟员受到波及。在陈望道及时开展思想工作后，保护了不少老同志、老朋友。沈志远、孙大雨、张孟闻、李炳焕、乐嗣炳等都曾先后求助于他，都曾得到过他的耐心帮助和鼓励。朱伯康曾对陈望道儿媳朱良玉说："一次在民盟开会时望老对我说，你讲话要注意，有些活动你就不一定要参加了。正因为这样，我躲过了一劫，才有今天。望老是好人啊！"③而对于已经被错划为"右派"的同志，他也竭尽全力做好思想疏导，

---

①邓明以：《陈望道传》，复旦大学出版社2005年版，第250页。
②时宜新：《我所认识的陈望老》，民盟上海市委会文史资料委员会编：《纪念上海民盟四十周年》，1986年版，第105页。
③朱良玉：《回忆公公生前二三事》，上海鲁迅纪念馆编：《陈望道先生纪念集》，复旦大学出版社2006年版，第248页。

希望他们任何时候都不要对党失去信心，加强学习和努力改造世界观，争取早日获得党和人民的理解，尽快"摘帽"。陈望道加入民盟的介绍人沈志远曾被错划为"右派"，一开始沈志远在思想上和感情上都无法接受，但和陈望道交谈之后，情绪也逐渐平复下来。据沈志远之子沈骥如回忆："父亲倒霉后，原本对他毕恭毕敬的人都'不认识'他了，可每次民盟集会时，望老都会主动打招呼，请父亲坐在前排。"[①]正是在陈望道及时的安慰和鼓励下，沈志远积极表现，第一批就摘去了"帽子"。对于摘帽的同志，陈望道也反复叮嘱盟内干部，要掌握好党的政策，必须全面地、历史地看待每一个人，不能只看一时一事，知识分子一旦摘去了"帽子"，就应坚决执行党的政策，对他们一视同仁，不能有丝毫歧视，并且要继续发挥他们的一技之长，安排合适的工作。[②]

陈望道与民盟结缘的 26 年间，他"坚决执行我党对爱国民主党派的方针、政策，在团结爱国民主人士走社会主义道路方面，做了大量的工作"[③]。他宽广的胸襟和不凡的气度，在当时受到党内外的敬重和爱戴，也为民盟工作迅速打开了新局面。

---

①王海波：《记忆里那些与望老相关的往事》，《群言》2021 年第 6 期。
②参见邓明以：《陈望道与民盟》，上海市政协文史资料编辑部编：《上海文史资料选辑（上海民盟专辑）》，2006 年版，第 277 页。
③《陈望道同志追悼会在上海举行》，《人民日报》，1977 年 11 月 6 日。

恢廓学风

　　校风学风是学校的立校之本，重视校风学风建设始终是陈望道办学治校的一项中心工作。在他的建议和主持下，复旦大学自 20 世纪 50 年代起多次讨论校风学风的建设问题，吹响了恢廓校风学风的冲锋号角。"又红又专""红透专深"在复旦大学蔚然成风。

　　一所学校的校风学风，是这所学校精神文化的集中体现，是教书育人的本质要求，是学校的立校之本、发展之魂。重视校风学风建设始终是陈望道办学治校的一项中心工作，他深知复旦大学作为一所全国重点高校①，"学风是学校工作中最广泛、最基础的问题"②，能否培育起良好的校风学风，犹如阳光和空气决定万物生长一样，直接影响着学校的整体发展和学生的学习成长。在陈望道的建议和主持下，复旦大学自 20 世纪 50 年代起多次发起关于校风学风建设的讨论，吹响了恢廓校风学风的冲锋号角。

　　陈望道对校风学风建设的重视是一以贯之的。根据学校现存档案记载，早在 1952 年秋季开学时，陈望道刚担任校长不久，在面向全校师生阐释教育方针时，就着重强调了"必须贯彻理论与实际一致的正确学风，而决不能实行理论与实际分离的不正确的学风"③。在 1961 年 2 月 24 日的一次校务会议上，陈望道指出要"养成写文章做科研的风气"，努力使复旦成为名副其实的重点学校。在 1962 年 6 月 1 日的一次校务会议上，陈望道又谈道："研究成果是要从科学态度得到的，学风很重要，在好的学风下面可以成长成才。"1963 年 3 月 26 日，陈望道在登辉堂（今相辉堂）主持召开了校务委员会扩大会议，专题讨论学风建设的问题。出席会议的除了全体校务委员外，还包括全体教职工、研究生，以及学校各部处负责同志。以如此大的规模和声势，组织全校师生共同讨

---

①1959 年 5 月，复旦大学被认定为全国十六所重点高校之一，进入国家重点建设大学之列。

②陈望道：《学风是学校工作中最广泛最基本的问题》，焦扬主编：《陈望道文存全编》第 7 卷，复旦大学出版社 2021 年版，第 294 页。

③邓明以：《陈望道传》，复旦大学出版社 2005 年版，第 236 页。

论学风建设问题，这在校史上还是史无前例的头一次。而在这次会议两个月后的建校 58 周年校庆暨第九次科学报告讨论会上，陈望道再一次对培养优良学风的问题作了全面而深刻的阐释。

对于学风上存在的问题，陈望道从不忌讳加以批评和教育。在他看来，"学风问题一定要有所'破'、有所'立'"①，明确什么是不行的、什么是行的。例如，陈望道常常告诫身边的师生不要学习个别同学借书不还，以及将图书馆书刊上的重要文章撕下来占为己有等不良行为，认为这是对公共财物的一种损坏，即便那些人据此产出一些科研成果，但是在人格和学术作风上无疑是个失败者②。再例如，陈望道上课有一个惯例，就是总会提早到教室做好上课前的准备。然而，在一次课堂教学巡视时，陈望道却发现有一个教室在上课铃响后，讲台上依旧是空无一人。直到 20 分钟过去后，一位身着汗衫、脚穿拖鞋的青年教师才姗姗来迟。陈望道见此情形感到十分生气，当着全场学生面前严肃地批评了这位老师："你迟到不仅浪费了自己的时间，也浪费了所有学生的时间。不守时，就是对在场学生的不尊重。"③经过这次训斥，学校的教学秩序大为改观。

究竟应该培养怎样的学风？在陈望道看来，这种学风应该是"理

---

①陈望道：《学风是学校工作中最广泛最基本的问题》，焦扬主编：《陈望道文存全编》第 7 卷，复旦大学出版社 2021 年版，第 294 页。

②李熙宗：《难忘师恩》，陈立民、萧思健主编：《千秋巨笔 一代宗师——纪念陈望道先生诞辰 120 周年》，复旦大学出版社 2013 年版，第 199 页。

③陈振新：《教育家陈望道》，陈立民、萧思健主编：《千秋巨笔 一代宗师——纪念陈望道先生诞辰 120 周年》，复旦大学出版社 2013 年版，第 126 页。

论和实际统一、高度的革命性和严格的科学性相统一的学风"①，一言以蔽之即"又红又专""红透专深"。所谓"红"，就是要有坚定的政治立场，拥护党的领导，拥护社会主义，愿意为社会主义服务；所谓"专"，就是掌握专业的知识技能，具备建设社会主义所需要的本领。陈望道认为不能把二者对立起来，偏于一面，"要重视红，也要重视专"，使两者互相结合，互相辉映。而这并非一朝一夕能够做到的，需要作长期的、坚持不懈的努力，关键就在于思想上启发和行动上实践。一方面要思想先行，以正确的思想来启发和指导教学和科学研究，否则就会有迷失方向的危险。另一方面要发扬敢想、敢说、敢做的精神，专心致志向科学技术作精益求精、坚持不懈的努力。例如在做学问过程中一丝不苟、严格要求，对研究资料和实验数据务必反复核查，力求做到准确可靠。陈望道坚信，只要知与行相统一时，"又红又专"就必然成为全校师生一致奉行的风尚。正如他在 1958 年校庆时的题词中写道："没有一个学生不是又红又专，是我们复旦大学最大的校庆！我们要争取这样的校庆！我们要祝贺这样的校庆！"②

陈望道不仅是校风学风建设的倡导者，更以实际行动为全校师生践行良好学风树立了标杆。他提倡学习运用马克思列宁主义的立场、观点和方法，但竭力反对鹦鹉学舌，尤其反对仅仅摘用马克思主义的词句贴标签、装门面；他倡导从事创造性研究，将"继往

---

①陈望道：《关于培养优良的学风问题》，焦扬主编：《陈望道文存全编》第 7 卷，复旦大学出版社 2021 年版，第 292 页。
②题词由郑宝恒捐赠予复旦大学档案馆藏。

开来"①定位为治学的基本要求，反复告诫学生"我们的学术要有我们自己的样子"②，同时"要从前人的到达点出发，而不能从前人的起跑点出发"③，决不人云亦云地重复别人的劳动；他崇尚治学严谨，要求树立实事求是的科学态度，告诫自己的学生搞学术研究"没有什么捷径可走，靠的是对大量事实也就是材料的掌握，靠的是正确的指导思想和研究方法，靠的是实事求是的态度"④；他强调做学问要静得下心，对"剪刀加浆糊"式⑤的学术浮夸风不以为然，尤其不赞成学生为赶时髦而写文章，要求学生应该"看多、做多、商量多"，在反复斟酌推敲、集思广益后再拿出来发表；他鼓励发扬学术民主，在学术交流中畅所欲言、相互促进；他传授"积极休息法"⑥，告诉学生在学习困倦时，要转移头脑兴奋点来获得迅速有效的休息，例如脑力劳动转体力劳动，或逻辑思维转形象思维，而不要采用睡大觉的方法，这样可能会适得其反。

①王中：《治学与为人》，《文汇报》，1956年10月1日。
②陈竑机：《学习老校长的治学精神和为人担当》，陈立民、萧思健主编：《千秋巨笔 一代宗师——纪念陈望道先生诞辰120周年》，复旦大学出版社2013年版，第57页。
③陈光磊：《望道先生的师者风骨》，陈立民、萧思健主编：《千秋巨笔 一代宗师——纪念陈望道先生诞辰120周年》，复旦大学出版社2013年版，第129页。
④李熙宗：《难忘师恩》，陈立民、萧思健主编：《千秋巨笔 一代宗师——纪念陈望道先生诞辰120周年》，复旦大学出版社2013年版，第198页。
⑤大跃进时期，复旦大学掀起集体编写教材的热潮。陈望道十分反感，认为"这种东西，剪刀加浆糊，一个星期就可以编出一本来，没有什么意思。"他坚持认为，做学问应该踏踏实实，不能贪多求速。详见吴中杰：《复旦园里的长镜头——记陈望道先生》，《海上学人》，复旦大学出版社2012版，第4页。
⑥杨本泉：《陈望道教我们怎么做新闻记者》，上海鲁迅纪念馆编：《陈望道先生纪念集》，复旦大学出版社2006年版，第76页。

　　受陈望道潜移默化的影响，全校师生同心同德，发扬优良校风，推动学校科研工作一年比一年繁荣，科研成果一年比一年丰收，教学质量一年比一年提高。如今，经过一代代复旦人接续努力，"文明、健康、团结、奋发"的校风，以及"刻苦、严谨、求实、创新"的学风已在复旦大学蔚然成风。

燕曦花开

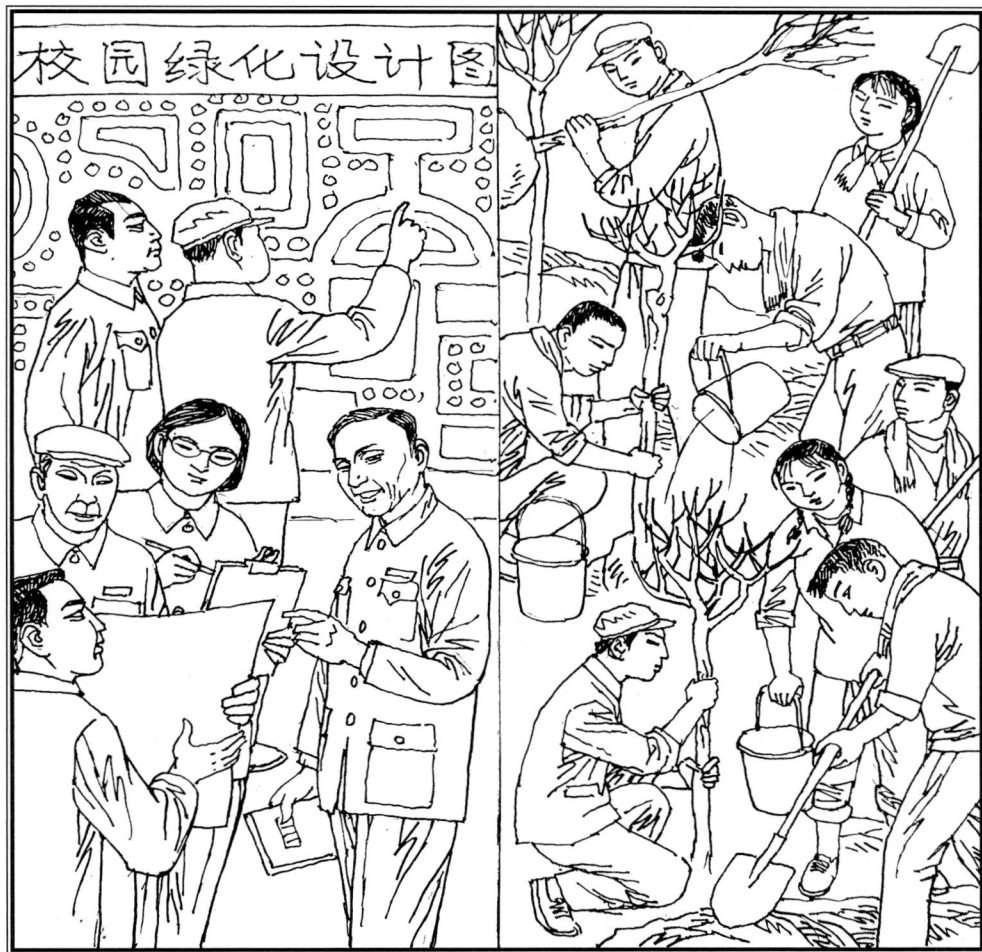
校园绿化设计图

　　大学之美，在于校园风物。一个优美和谐的校园环境，反映的是这所大学的历史风貌和文化传统。陈望道的一生心系复旦、视校如家，对这里的一砖一瓦、一草一木、一景一物都倾注了无限的感情和心血。

　　大学之魂，在学人风骨；大学之美，在校园风物。一个优美和谐的校园环境，反映的是这所大学的历史风貌和文化传统，它能潜移默化、润物无声地净化陶冶师生的心灵。陈望道的一生，几乎一半的时光都在复旦校园度过，他热爱着校园中的一切。他不仅在复旦这块教育园地上躬耕细作，培育和浇灌着建设社会主义事业的栋梁之材，而且极为重视校园环境的规划建设，对这里的一砖一瓦、一草一木、一景一物都倾注了无限的感情和心血。

　　1952 年院系调整后，复旦大学酝酿大兴土木、扩建校园。陈望道对此高度重视，从空间布局到基建设施再到道路绿化，方方面面都提出富有创见的设想和建议。他认为校园应该营造一种深邃的、静穆的氛围来引人入胜，要有足够的绿化空间，楼堂馆舍掩映于绿树浓荫中，耳闻读书声，不见读书人。如果一走进校门，校园里的建筑就一览无余地尽收眼底，是很缺乏美感的。①现如今走进复旦大学正门，迎面而来的是一大片花圃，花圃后面是方方整整的两大块翠绿的草坪。两旁栽种着两排高大的柏树，几座红黄砖瓦建成的建筑，掩映在郁郁葱葱的绿树丛中。两条柏油小路从草坪两侧迂回通往位于校园中轴线上的物理大楼。这样的设计正是当年出自陈望道的手笔。

　　在规划校园布局时，陈望道在保持整体协调性的同时，还兼顾了艺术美感。他认为合理的校园规划能为复旦师生的学习和生活提供舒适环境。在他的指导下，校园被划分为教学区、生活区、运动

---

　　①龚向群：《紫薇径与望道门》，上海鲁迅纪念馆编：《陈望道先生纪念集》，复旦大学出版社 2006 年，第 148 页。

区等不同功能的区域，布局合理有序。与此同时，对美学研究颇有造诣的陈望道，在校园环境建设上也反复强调要多多运用美学知识。比如，在对工作区域和非工作区域道路进行设计规划时，陈望道提出，工作区域的道路应该保持笔直，这样既方便校内教职工上下班，也避免校外人员来校办事找不到地方而浪费时间。但是非工作区域的道路，则不一定非要修得笔直，可以适当做一些曲折。曲直相间，可以在错综之间增添校园景色的美感和观赏性。①他甚至提出校园绿化布局应该尽量向公园靠拢，还多次在校务委员会上建议校景绿化组的负责人去杭州西山公园等风景点学习观摩。②

　　最能彰显陈望道审美的则是矗立在邯郸路上的新校门。1965年，复旦师生计划于建校60周年之际，重新设计一座具有标志性的校门来展现学校的门面和形象。陈望道对此大力支持③，并且在整个设计建造过程中亲力亲为、全程参与，对每个细节都给予高度关注。他主张采用传统建筑风格，既要有古代牌坊的风韵，又要体现现代建筑的活力，以展现复旦厚重的历史底蕴和蓬勃的青春活力。方案落定，按照预算，新校门修建工程估计要花费2万元，但是学校可支配用于修建校门的经费只有1万元。面对经费不足的困境，陈望道毫不犹豫地拿出积攒的1万元稿费来捐建校门。在人均工资只有几十元的年代里，1万元无疑是一笔可观的数目。正是因为

---

①参见杜高印：《深切的怀念》，上海鲁迅纪念馆编：《陈望道先生纪念集》，复旦大学出版社2006年，第187页。

②参见陈振新：《陈望道与复旦大学的二十七年》，上海鲁迅纪念馆编：《陈望道先生纪念集》，复旦大学出版社2006年，第240页。

③陈望道支持修建新校门的另一个原因是，老校门在国权路，离教学楼、宿舍区都较远，为了便于师生员工进出学校时不再需要绕一大圈，才决定修建新校门。

陈望道的慷慨解囊和无私奉献，新校门方能在校庆前落成使用。半个多世纪来，这座简约端庄的校门见证了陈望道对学校的拳拳之心，镌刻了学校的沧桑变迁，成为复旦大学宝贵的文化遗产和精神象征。1991年，陈望道100周年诞辰之际，新校门被知情师生亲切地唤作"望道门"。

陈望道心系复旦、视校如家，还体现在细节点滴处。1963年秋天，陈望道陪伴夫人蔡葵赴青岛疗养。青岛绿植丰富，环境优美，到处可以见到紫薇夹道，令人赏心悦目。陈望道见后当即自掏腰包，花费一千多元购置了两百余株优质树苗，委托学校总务处处长孙学博洽运来校。树苗运抵复旦后，陈望道亲自指挥，分植于校门通往第九宿舍的国年路和国福路两侧。翌年繁花怒放，落英烂漫，引得师生纷纷驻足观赏，为幽静的校园增添了勃勃生机。①还有整修国年路亦是如此。国年路是复旦教职工往来学校和教工宿舍的必经之路。这条羊肠小道长年累月超负荷地被使用，已变得坑洼不平，逢上雨天更是泥泞不堪，复旦师生叫苦不迭。陈望道了解情况后，敦促学校有关部门向上反映，争取早日派人前来整修。一开始，市政部门以市城建图上无国年路路名而表示无法处理。陈望道为此专门派人请复旦毕业的学生、时任市城建局长的徐以枋专程来考察，直到他看到了邯郸路国年路口的路牌后，最终才同意派市政工程队对国年路路面进行加宽和铺平。

---

①吴留兴：《紫薇花颂》，陈立民、萧思健主编：《千秋巨笔 一代宗师——纪念陈望道先生诞辰120周年》，复旦大学出版社2013年版，第193页。

半个多世纪以来，一代代复旦人在当年陈望道规划的美丽校园里茁壮成长。与此同时，望道门、望道路、望道像、望道书屋、宣言广场、望道研究院……越来越多的校园场所和建筑开始被冠以"望道"之名。漫步校园，不时能看到师生们和慕名前来的游客，在庄重典雅的门楼前驻足留影，在茵茵绿草上矗立的望道铜像前追忆缅怀，在图书馆里的望道书屋打卡参观。移步换景间，无不诉说着复旦人对陈望道老校长的深切缅怀。

皓首治学

　　陈望道一生数十载探索与争鸣，始终孜孜矻矻，专注于语言学研究。他不仅自己深耕学术研究，为中国语言学界留下诸多宝贵的学术遗产，还在毛泽东主席的鼓励下，成立语法、修辞、逻辑研究室，带出一支语言学研究队伍扎根于这片学术的热土。

1956 年元旦晚上，毛泽东主席在上海邀见了陈望道等几位知名民主人士共贺新年。席间，毛泽东主席与坐在身旁的陈望道谈起了最近阅读《修辞学发凡》的感受，充分肯定了陈望道在语言学研究上取得的成就，认为《修辞学发凡》一书"写得很好，不过许多例子旧了一些"。当毛泽东主席联想到"现在有人写文章，不讲文法，不讲修辞，也不讲逻辑"，又鼓励陈望道要继续坚持研究下去。[1]毛泽东主席的关怀勉励，让陈望道备受鼓舞，一夜未睡，第二天立马召集文法、修辞、逻辑研究室的研究人员，向他们传达毛泽东主席重要指示，决心继续以百倍的热情与信心，投身到语言学事业中去。

新中国成立后，身兼数职的陈望道不仅要承担学校管理的各项繁杂事务，还要疲于应付各种社会活动。有些不了解实情的人，认为陈望道从此就基本上封笔，不再写文章了。就连他的学生倪海曙对此也有所隐忧，担心陈望道一旦忙碌起来，可能会占用掉开展学术研究的时间。然而真实的情况是，虽然受工作环境、身体条件等因素的影响，陈望道在 1949 年后没有再产出大量与《修辞学发凡》相类似的重磅学术成果，但他对于学术研究始终念兹在兹，可以说他迎来了学术研究的第二个高峰期。据陈望道家人回忆，在繁忙工作之余，稍有闲暇，他就会把自己关在书房翻资料、做卡片，从事心爱的学术研究。陈振新说："父亲去世以后我们整理他的遗物时，活页夹就有十五个之多，每个活页夹内都是父亲收集的各个方面的

---

①倪海曙：《春风夏雨四十年——回忆陈望道先生》，知识出版社 1982 年版，第 52 页。

资料。在很多资料中，还密密麻麻地写满了父亲当时阅后的心得。"①
倪海曙也回忆，在他的婚宴上，受邀出席的陈望道竟从头到尾都在
谈文法研究，愣是把婚礼变成了学术座谈会，由此成就了一段"文
法午餐会"②的佳话。

陈望道开展语言学研究，不仅是端坐在书斋案头，更是时常走
出研究室，面向更广大师生群众普及自己的研究成果。1956 年 9
月，陈望道亲自筹建"上海语文学会"，广泛团结上海语文工作者
来开展中国语文的研究工作。1957 年底，陈望道在登辉堂（今相
辉堂）作了题为《怎样研究文法、修辞》的学术演讲，整个礼堂座
无虚席。1958 年，他又在《语文知识》上发表文章《建立新型的
文风》，鼓励广大人民群众都学习一点儿逻辑学、辩证法、文法和
修辞学，打倒一切"八股"，力求文字"准确、周密、鲜明、生动"，
以此回应毛主席对"许多人写文章不讲文法，不讲修辞，也不讲逻
辑"的批评。在 20 世纪 60 年代初，陈望道的学术活动越发频繁，
先后在上海、南京、杭州等多地授课讲学。其中最有名的一次是
1964 年 4 月，陈望道在杭州大学发表了题为《关于语言研究的建
议》的学术演讲，被视为语言研究必须中国化的"一个纲领性的建
议"。演讲中，陈望道延续了 25 年前倡导"文法革新"的思路，
从汉语的实际出发，提倡以"功能说"重建中国文法的新体系。

陈望道不仅自己深耕语言学研究，还带领一支研究队伍共同扎

①陈振新、朱良玉：《父亲，我们怀念您！》，复旦大学语言文学研究所编：《陈望道
先生诞辰一百周年纪念文集》，学林出版社 1992 年，第 169-170 页。
②倪海曙：《春风夏雨四十年——回忆陈望道先生》，知识出版社 1982 年版，第 52 页。

184

根于这片学术热土。就在受毛泽东主席接见的前一年，复旦大学经陈望道提议，批准成立了语法、修辞、逻辑研究室。成立之初，研究室的职责任务有二：一、根据学术与教育的需要与要求，计划在马克思列宁主义指导下，进一步研究汉语的语法与修辞的理论与实际；二、在语法、修辞的研究中，随时注意形式逻辑与辩证逻辑的研究与运用，以期能够更快更多地认清条理，阐明规律，充实现有的科学内容，提高现有的科学水平。[①]作为研究室主任的陈望道，每周定期要组织研究人员召开一次学术例会，围绕语言学研究最新进展展开交流讨论。原定于每周五的例会，有时难免与其他工作发生冲突，陈望道便"自作主张"将例会时间调整到周末或节假日，熟悉陈望道日程安排的大家对此也都表示理解。

到了1958年，语法、修辞、逻辑研究室更名为复旦大学语言研究室，成为学校的一个直属研究机构。语言研究室内设语法、修辞、语言学理论三个组，研究规模和阵容也随之增强。当时，中文系吴文祺、胡裕树、濮之珍等学者都在语言研究室兼职，不少外院系甚至外校的研究力量也被吸收进来。尽管陈望道当时已辞去语言研究室主任一职，但他依然是语言研究室的灵魂人物，始终以马克思主义的科学方法指引着语言研究室的整体定位和研究方向。1961年进入语言研究室从事修辞学研究的宗廷虎回忆，陈望道一有空闲就会同他们交流近来的研究体会。他还准备了专门的笔记本用来记录陈望道的讲话，到1965年已记满了厚厚一本。其中，宗廷虎对陈望道提出的"要有一根修辞的神经"印象极其深刻。陈

---

①邓明以：《陈望道传》，复旦大学出版社2005年版，第295页。

望道强调，要对各种新的修辞现象有着高度的敏感，时刻做有心人搜集可用的研究素材，如此才能使学术研究始终保持着盎然的新意①。这也成为复旦大学语言学研究生生不息、永葆活力的重要秘诀。后来虽然遭遇"文化大革命"，语言研究室的工作也一度停滞，但在陈望道的据理力争下，语言研究室很快便宣告恢复。

数十载探索与争鸣，陈望道始终孜孜矻矻，专注于语言学研究，直至生命的最后一刻。1976年，人生行暮的陈望道，仍然坚持在华东医院的病榻上，指导语言研究室同人修订《文法简论》。最终，经由陈望道逐章修改审定，书稿在陈望道生前完成付排。这不仅为语言学界留下了一份宝贵的学术遗产，也了却陈望道沉淀了数十年的学术心愿。

①宗廷虎：《忆望道先生二三事》，陈立民、萧思健主编：《千秋巨笔　一代宗师——纪念陈望道先生诞辰120周年》，复旦大学出版社2013年版，第134页。

修订《辞海》

　　20世纪60年代，陈望道出任《辞海》主编，他秉持着"无论如何要把《辞海》搞好"的决心，继往开来，承前启后，完成《辞海》（未定稿）的编纂，在《辞海》编纂史上树立起一座里程碑，成为"一丝不苟、字斟句酌、作风严谨"的"辞海精神"的生动注脚。

1965 年 4 月，作为旧版修订的阶段性成果，《辞海》（未定稿）内部发行出版。首先映入眼帘的，是封面上遒劲有力的"辞海"二字，这正是出自陈望道的手笔。1963 年 8 月，辞海编委会主任委员会一致推举由陈望道来题写书名，这既是对他的学术地位的高度认可，更是对他在担任《辞海》主编时呕心沥血的充分肯定。如今，纵观《辞海》历个版次，这一版本虽然只是一部未定稿，却因经过多次认真修订，足以体现新中国成立之初国内大型综合性辞书的编纂水平，时至今日仍然能够视为一个独立版本来看待。

中国历来有盛世修典的传统，如永乐盛世编纂的《永乐大典》，康乾盛世编纂的《四库全书》。《辞海》的修订和编纂也是新中国文化繁荣发展的重要产物。早在 1915 年，《辞海》的编纂工程在中华书局创始人陆费逵的主持下启动，后又几经周折邀请到舒新城来主持工作，最终于 1936 年编就首版《辞海》，并在两年内陆续出齐上下册。新中国成立后，首版《辞海》已出版十余年，在社会上产生了重要影响，但其中不乏一些条目稍显落后且不合时宜，更有个别词条竟将中国共产党称之为"匪"。因此，必须对首版《辞海》做脱胎换骨的改造。

1957 年秋天，毛泽东主席在上海考察时，与舒新城谈及《辞海》修订一事。毛泽东主席说："到现在还只能用老的《辞海》《辞源》，没有新的辞典""你应该挂帅在中华书局设立编辑部门，以先修订《辞海》为基础，然后再搞百科全书。"[①]遵照毛泽东主席的指示，

---

①巢峰：《〈辞海〉的编纂和修订》，《出版史料》2003 年第 2 期。

党中央把《辞海》修订的任务交给上海，上海市委和市政府立即着手起草方案，迅速成立"中华书局辞海编辑所""辞海编辑委员会"，由舒新城任主任，并邀请各学科专家学者六十余人，共同参与编纂工作。到 1960 年，《辞海》修订版已陆续出版十六分册。同年，舒新城与世长辞，经过中共上海市委审慎抉择，最终邀请陈望道接任主编。一方面，陈望道本身就是辞海编辑委员会主要成员，曾在舒新城担任主编期间参与过分册的修订；另一方面，身为复旦大学校长的陈望道拥有巨大的威望和号召力，不仅能将上海方方面面的专家学者广泛地召集起来共事，还能从北京、南京、杭州等地聘请一批专家学者参与其中。这可谓众望所归，当仁不让。

出任《辞海》主编的陈望道，对修订工作极为负责上心，表示"无论如何要把《辞海》搞好"[①]。他曾语重心长地说："辞典应当是典范，百人编，千人看，万人查，因而必须严肃认真，毫不马虎。必须给人以全面而又正确的知识，如果提供片面、错误的知识，那将贻患无穷，就不能称作'典范'了。"[②]然而，随着修订工程的深入开展，陈望道认识到，《辞海》修订远比想象中的复杂。所谓"修订"只是遵循首版《辞海》的原有框架而已，此外几乎等于重新"编写"，工作任务和体量相当巨大，又有许多"亟待解决的疑难杂症"[③]，绝非修修补补之事。一方面，要继续对在舒新城任内

①陈望道：《关于〈辞海〉编纂》，焦扬主编：《陈望道文存全编》第 4 卷，复旦大学出版社 2021 年版，第 197 页。
②罗竹风：《回忆陈望道在修订〈辞海〉的日子里》，复旦大学语言文学研究所编：《陈望道先生诞辰一百周年纪念文集》，学林出版社 1992 年版，第 53 页。
③罗竹风：《回忆陈望道在修订〈辞海〉的日子里》，复旦大学语言文学研究所编：《陈望道先生诞辰一百周年纪念文集》，学林出版社 1992 年版，第 53 页。

已出版的 16 分册进行再修订，另一方面还要将其余分册"合拢"，以求在词目、体例上的统一。尽管修订工作复杂繁琐，但在陈望道"定人、定时、定任务"的合理统筹和全力推进下，《辞海》修订工程最终如期完成。

为了提高编纂质量，陈望道在建章立制上进行了大刀阔斧的改革，建树颇多。为了贯彻实施集中统一领导，陈望道提议建立"辞海编委会主任委员会议"制度，从 1962 年 8 月 9 日至 1965 年 3 月 18 日，陈望道先后主持召开 23 次主任委员会议；为了规范《辞海》编纂中的重要原则问题，在陈望道领导下专门制定了《〈辞海〉定稿工作中的组织及各方面的职责》《〈辞海〉使用专名号方案》《〈辞海〉汇总编排付印办法》等文件；为确保条目释文达到"科学性第一"的要求，陈望道立下了"没有外行话"和"没有外行完全看不懂的话"①两条经典原则，并改变过去人海战术的编写理念，提议建立"分科主编负责制"，即由总主编对全书负总责，各副总主编对分工主管的学科负责，各分科主编对本学科的各项工作负责，避免因条目繁多、所涉学科领域广泛而造成的错误和硬伤……纵观整个修订编纂的过程，陈望道总是基于高度的事业心和责任感，在贯彻"分科主编负责制"、确保科学性和整体性、定稿复查等事项上反复叮嘱，促成了最终脱胎换骨的蜕变。

辞海无涯，编舟渡之。作为主编的陈望道从不居功自傲，反倒是虚怀若谷地表示："我没有做多少事，这是全体编写人员的功

---

①陈望道：《关于〈辞海〉编纂》，焦扬主编：《陈望道文存全编》第 4 卷，复旦大学出版社 2021 年版，第 198 页。

劳。"即便是编委会按规定支付酬金时，陈望道也坚持分文不取[1]。1964 年 1 月 3 日，陈望道致信时任中宣部副部长的周扬，就《辞海》定稿一事向中央有关部门请示。但是，中央最终还是决定暂以"未定稿"的名义出版，内部发行，继续征求意见。准备在三两年内，再修订一次，然后正式出版。然而，令陈望道始料未及的是，《辞海》（未定稿）内部出版后不久，受历史条件影响，修订工程再次被迫中断。直至陈望道逝世后一年，才由陈望道的学生夏征农继任主编，在陈望道主持的《辞海》（未定稿）基础上进一步修订后，作为新中国成立 30 周年的献礼，顺利付梓出版。

如今，《辞海》已修订至第七版，成为一部全面反映人类文明优秀成果、系统展现中华文明丰硕成就的传世精品。以陈望道为首的一代辞海学人，继往开来，承前启后，无疑为《辞海》编纂史树立起一座里程碑，更成为"一丝不苟、字斟句酌、作风严谨"的"辞海精神"的生动注脚。

---

①蓝聚萍：《纪念陈望道老师 学习陈望道老师》，上海鲁迅纪念馆编：《陈望道先生纪念集》，复旦大学出版社 2006 年版，第 159、161 页。

爱生如子

　　陈望道一生躬耕教坛，始终恪守"师生总是占第一位的"信条，无时无刻不在关注学生全面发展和用心倾听学生需求。他以对教育事业的满腔热忱，诠释了人民教育家"爱生如子"的崇高风范。

陈望道一生躬耕教坛，不仅用卓越精湛的"大学问"为学生传道授业，还以爱生如子的"大情怀"为学生成长成才保驾护航。虽然陈望道年轻时性格刚烈、脾气火暴，被称为"红头火柴"，但是对于学生，他却总是充满温情和慈爱。他以对教育事业的满腔热忱，恪守"师生总是占第一位的"①信条，诠释了人民教育家"爱生如子"的崇高风范。

从兴办村学开始，陈望道一生情系教苑，执教生涯贯穿一个甲子，他对学生的无私关爱始终未曾改变。早在革命年代，他就不避风险，支持和掩护进步学生开展革命活动，尽管屡遭反动当局迫害，却始终挺身在前。1931年，有一名学生鲁莽地敲响了校钟。根据学校章程规定，擅自敲响校钟是要被开除的。但开除学生不仅要校长批准，还需要系主任副署。陈望道为了保护这名学生，拒不副署。最终，学生倒是没有被开除，但陈望道却因此事触怒国民党特务机关。他们下了"陈望道包庇共产党，毙"的密令，准备加害于他。幸亏在复旦中文系任教、后担任国民党中央宣传部长的叶楚伧获悉密令，连夜派人给陈望道通风报信，他才幸免于难，躲过一劫。

对于学生成长的关键处、要紧时，陈望道也会常常拉一把、帮一下。1944年，复旦大学在重庆招生，湖南学生张啸虎偏科严重，报考新闻系时数学考试考了零分，但两篇作文却史无前例地都获得了满分。按照规定，如果考试中有一门主科得了零分就不能被录取。时任新闻系主任的陈望道了解情况后，坚持不拘一格降人才，认为该生拥有如此出色的文笔是可塑之才。于是，他据理力争，最终打

---

①访问张四维，转引自邓明以：《陈望道传》，复旦大学出版社2005年版，第200页。

破常规，使张啸虎被破格录取。同样在 20 世纪 40 年代，有一位来自云南偏远地区的困难学生，举目无亲来到上海，他怀着忐忑的心情向陈望道递交了公费申请书。陈望道了解情况后，将他引荐给《时事新报》文学副刊编辑，让他通过自己的劳动赚取稿费，缓解经济压力。最终，这名学生自食其力，顺利申请到了公费奖学金。

新中国成立后，担任复旦大学校长的陈望道更是醉心教育事业，无时无刻不在关注学生全面发展和用心倾听学生需求。他平易近人，诚恳待人，尊重后辈，从不对学生摆"师道尊严"的架子。凡是跟陈望道有过接触的学生，大都表示能感受到一种从容而亲切的感觉。尽管，陈望道身兼多职，公务十分繁忙，但只要是有学生来信来访，他总是会亲自回信或接待。陈振新曾回忆父亲陈望道经常告诫他，"学生来找，一定有事，教师不应该拒学生于门外"[1]。有一天，陈望道收到一封北京大学学生寄来的信件，询问有关修辞的问题。陈望道在百忙之中抽空亲自给那位学生回信，并在信封下方写上了"复旦大学陈望道"几个字。这样的暖心时刻，复旦大学新闻系学生张四维也有过类似经历。他回忆曾与几位同学去陈望道家中探望，在谈话间，家中又来了其他客人，他们急忙起身要告退，却被陈望道阻止了。他说："在我的观念中，学生总是占第一位的，学生来探望我，我是最高兴的。我要把时间首先让给学生，作为一个教师，接待好学生才是首要的。"这一番话也让在座的学生备感温暖。[2]

---

①陈振新、朱良玉：《父亲，我们怀念您！》，复旦大学语言文学研究所编：《陈望道先生诞辰一百周年纪念文集》，学林出版社 1992 年版，第 170 页。

②参见访问张四维，转引自邓明以：《陈望道传》，复旦大学出版社 2005 年版，第 200 页。

在关心呵护学生身心健康上，陈望道更是无微不至。他一再强调要搞好学校的伙食与卫生，要努力增强学生的体质。他发现学校的路灯设计不合理、灯光昏暗，于是亲自去校办五金工厂指导设计图案，敦促后勤部门尽快把宿舍、教室和图书馆的灯光照明加亮。时任校办主任的徐余麟回忆，陈望道曾对他说："爱护学生的健康比什么都重要，否则，既对不起国家，也对不起学生的家长。[①]"在20世纪50年代初期，正是执行"一边倒"政策的时候，大学教育也自然要借鉴苏联老大哥的经验，甚至连"六节一贯制"的作息制度也照搬过来。把原先上午四节课下午三节课的模式，改为上午上满六节课，下午不安排课。陈望道观察了一段时间后，发现学生总是在第五、第六节课表现出精力不济、听不进课的情况，于是对教务部门说："中国的午餐时间同苏联不一样，两国学生的健康素质也有差别，怎能不顾事实照搬别国的经验呢？"在陈望道的指示下，学校很快便根据实际情况更改了教学制度。[②]

当学生遇到麻烦和困难时，陈望道也总是会设身处地为学生考虑，不遗余力帮助学生解决。1962年，恰逢三年困难时期，部分毕业生还未落实工作，暂时无处可去。而新同学即将开学报到，宿舍床位顿时变得紧张起来。陈望道得知后，紧急召开校务会议商量对策，最终果断决定将学校大礼堂（今相辉堂）和校工会（今日本研中心）的房子腾挪出来让毕业生暂住，余下的宿舍留给新生入住。

---

① 徐余麟：《我最大的感受就是望道先生对人的关怀和爱护》，陈立民、萧思健主编：《千秋巨笔 一代宗师——纪念陈望道先生诞辰120周年》，复旦大学出版社2013年版，第25页。
② 参见吴中杰：《复旦往事》，复旦大学出版社2011年版，第16-17页。

这一安排既让第一次离家的新同学感受到学校的良苦用心，也让毕业生在离开校园时留下美好的印象。再比如在管教学生时，陈望道一向严爱相济、润己泽人，既高标准和严要求，又在涉及重大事项时慎重对待。他指示学校有关部门必须认真执行升留级制度，对任何一个学生予以留级或其他方面的处分，都必须经过校务委员会的讨论后，方能做出最后决定。遇到公安部门到学校办案，陈望道也会再三跟保卫科同志强调要慎重，要调查清楚，千万马虎不得，避免给学生造成不可挽回的不利影响。

一个人遇到好老师是人生的幸运，一个学校拥有好老师是学校的光荣。陈望道作为教育工作者，用真诚拉近同学生的距离，以热爱践行着教育的真谛。时至今日，曾经受教于陈望道的学生们，仍然发自肺腑地爱戴和感念这位好朋友和贴心人。

伉俪情深

　　陈望道和蔡葵情投意合、两情相悦，经由自由恋爱结成伉俪。1930年，二人在浙江东阳举办了一场惊世骇俗的新式婚礼，这既是爱情的见证，更是二人进步婚恋观念的宣言。婚后二人感情笃厚，在情感上相互依偎，在事业上彼此激励，相伴一生，恩爱如始。

1930 年 9 月 16 日[①]，浙江东阳县蔡府"乐顺堂"内喜气洋洋，热闹非凡，正在举行一场"文明婚礼"。本来女婿在岳家成礼已属罕见，这场婚礼上不见弹絮置妆、杀猪宰羊，更显惊世骇俗。以至于参加婚礼时还是小学生的葛世大，在 60 多年后还对当时的情形记忆犹新。他回忆道："堂屋正壁悬挂孙中山遗像，案上红烛鲜花映衬着两张彩色花纹的方纸，无疑是结婚证书。证婚人卜文校长、主婚人蔡校董笑容满面居中正站。新娘穿戴素净，不见装饰；新郎长袍马褂，头顶礼帽，并肩朝案而立。我们四个学生被安排伴立风琴左旁，肃然屏息。没有吹奏，不放鞭炮，气氛随之肃穆。倒是两厢和天井挤满看热闹的村人，男女老少叽叽喳喳像个戏场。婚礼如仪，十分简单。最后风琴为我们伴奏唱《春天的快乐》，歌罢献花，全过程不到一小时。"[②]上述这场新式婚礼的主角便是陈望道和蔡葵，在二人的操办下，婚礼不仅成了爱情的见证，更是二人进步婚恋观念的宣言。

蔡葵，原名蔡慕晖，曾用名沐卉、希真，1901 年出生于浙江东阳。父亲蔡济川，早年曾留学日本，后到杭州开设诊所，蔡葵随之定居杭州，并就读于杭州甲种女子职业专科学校。毕业后，她一度留在该校附小任教，后于 1922 年如愿考入南京金陵女子大学文理学院。求学期间，蔡葵还曾被选为南京学生联合会金陵女子大

---

① 2003 年，在金华东阳当地村民家中找到一张陈望道和蔡葵的结婚请柬。粉红色的请柬，四周波浪形，凸出一圈牡丹花，长 16 厘米，宽 12 厘米，纸质是民国时期的照相纸。请柬中文字为大红色，上书"谨定于十九年九月十六号在浙江东阳蔡宅乐顺堂为小女慕晖与陈望道先生组织新家庭纪念招待亲朋敬候"等字样。详见《虎鹿镇发现陈望道蔡慕晖结婚请柬》，《东阳日报》，2003 年 6 月 28 日。

② 葛世大：《陈望道的婚礼》，《文汇报》，1994 年 5 月 9 日。

学分会会长，积极带领学生开展爱国进步运动。毕业后，她先后在上海大学和中华艺术大学等学校担任英语教员。蔡葵通过文字和演讲，呼吁女性自尊自立，争取社会地位，并以其进步观点、文学才华和对妇女解放事业的贡献，成为那个时代女性觉醒的代表。新中国成立后，蔡葵担任震旦女子文理学院外文系代理系主任，因1952年院系调整，转来复旦大学外文系任副教授，后来还兼任过复旦大学工会副主席。她不仅在本职岗位发光发热，还在文学翻译上有所建树，她的译作《艺术的起源》至今仍影响深远。

陈望道与蔡葵的相识相恋，不仅是一段美丽的爱情佳话的见证，更是那个时代进步知识分子追求恋爱自由的侧记。早在五四运动后，蔡葵就对陈望道崇拜不已，常跑去他任教的浙江一师旁听。蔡葵曾在《我的恋爱观》中写道："在学生时代就已潜意识地恋爱着一个自己很崇拜的人，既崇拜他的学问思想，也崇拜他为学问而忍受饥寒饱暖的行为。我是觉得爱就应该说爱，不爱就说不爱，我们既不应该以金钱或权位的缘故而假不爱以为爱，同样也不能因为某种外在的原因而假爱以为不爱。"①由此可见，蔡葵的恋爱观在当时那个年代来说是十分进步的。而陈望道的观点与蔡葵恰好一拍即合，他也认为"男女的结合，不重在仪式的如何严肃，应全以恋爱为基础"，并且主张"真正的恋爱婚姻，无论形式如何简便，总之是神圣的婚姻"，"不必管形式，只须问实质"②。

---

①陈振新：《陈望道夫人蔡慕晖的人生印痕》，《档案春秋》，2020年第8期。
②陈望道：《妇女问题》，焦扬主编：《陈望道文存全编》第7卷，复旦大学出版社2021年版，第66页。

　　1930 年，陈望道和蔡葵情投意合、两情相悦，经由自由恋爱结成伉俪。二人先是在上海的报纸上刊登了一则自由结合的启事，然后同回义乌和东阳，并在东阳举办了婚礼仪式。婚后的陈望道和蔡葵，更是感情笃厚，不仅在情感上相互依存，还在事业上彼此激励。但由于工作繁忙，二人常常聚少离多。1935 年，陈望道前往广西任教，蔡葵则在陈望道的鼓励下，于 8 月被公派赴美留学，获得哥伦比亚大学教育学硕士学位。1939 年 1 月，蔡葵正式接替丁淑静出任中华基督教女青年会全国协会总干事[①]，经常去全国各地从事抗日救亡宣传和妇女解放运动，在 1942 年至 1944 年还多次赴印度、欧洲、美国等地考察交流。长期分隔两地，也让二人一见面便难分难离。1933 年 11 月 24 日，陈望道因思念新婚妻子，特地从安庆赶回上海同蔡葵相聚。深秋时节，二人促膝长谈"今前今后事历七日不倦"，"尚觉谈得未畅"，于是在临别前携手前往照相馆拍了一张合影，珍藏在身边。1944 年初夏，蔡葵因好久没收到丈夫的消息而放心不下，特地赶往重庆北碚，才得知陈望道为筹建"新闻馆"四处奔波，把身体累垮正病倒在床。自那以后，蔡葵便开始一直守护在丈夫身边，相伴一生，再未离开。

　　平日里的陈望道和蔡葵始终恩爱如始。二人常以"先生"互称，陈望道也称蔡葵"蔡先生"，又因蔡葵名"暮晖"，也常唤妻子作"暮"，亲昵不已。蔡葵在生活上对陈望道更是百般体贴和关怀。陈望道患有高血压等多种慢性疾病，平时饮食起居、衣着冷暖、定

---

　　① 《蔡葵女士任女青年会总干》，《申报》，1939 年 1 月 21 日。

时服药乃至饭后水果营养都由蔡葵悉心照料。陈望道曾对儿媳朱良玉说："每次我吃苹果，你婆婆总是吃苹果皮，还说苹果皮的营养价值高。"相爱不觉日长，夫妻之间也常常发生一些趣事。外孙女杨若瑜在《外公陈望道一些鲜为人知的故事》中回忆了一段外公外婆的恩爱往事。两人因作息时间不同、工作性质不同，为不影响彼此休息便分房而睡。有一天早上，陈望道一边高喊"暮，暮……"一边朝蔡葵房间走去。蔡葵闻声走出房门问道："陈先生，怎么了？"陈望道答道："我的手表没有啦。手表丢了。"下午，杨若瑜和外婆聊天时，蔡葵挂念道："既然望道先生的手表找不到了，那这两天要赶紧去买一块，不然他掌握不了时间会着急的。"正说着，就听到陈望道嚷着："暮，暮，我的手表找到了！"蔡葵和杨若瑜迎出来，见陈望道已经走上台阶，而且左臂高高举过头顶说道："看！在这儿找到的。"

从 1961 年起，蔡葵的身体状况每况愈下，偶尔还出现记忆力衰退、思维混乱和说话含糊不清等症状。经医生诊断，认为是早年罹患乳腺癌复发，癌细胞转移到大脑里，脑血管肿瘤压迫神经所致。1962 年，蔡葵经过华山医院手术治疗，病情得以控制，回家休养。次年秋天，蔡葵旧病复发，在有关方面的安排下，陈望道陪同蔡葵前往青岛疗养，在丈夫的悉心照料和陪伴下，蔡葵病情日渐好转。但天不遂人愿，1964 年夏天，病情再度恶化，几番起伏后，蔡葵因抢救无效而谢世。

失去朝夕相伴数十载的爱侣，陈望道为此而感到悲痛万分，但一贯性格内向的他，把对爱妻的无限思念深深埋在心底。陈望道在每年梅雨季结束后，都会让儿媳将蔡葵的衣物晒一晒，然后再原封不动地收回衣柜。而每逢春夏五月，当陈望道陪同妻子在青岛疗养时购买带回的紫薇花再次盛放时，他也常常会在紫薇树前伫立良久，默默怀念着他的"暮"。这些坚韧而美好的紫薇树，不仅装点了校园的亮丽风景，也见证了陈望道对爱妻的一往情深。

病中遗愿

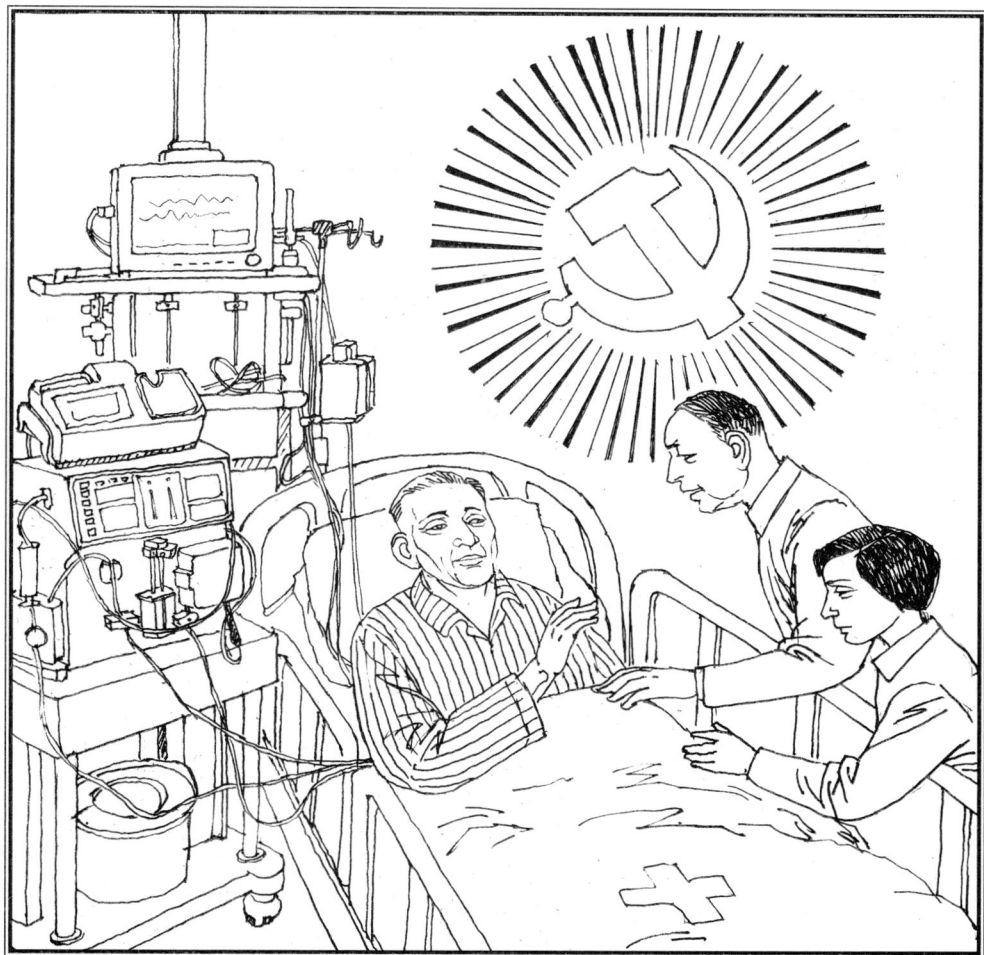

　　1976年，大病过后的陈望道在病床上给儿子陈振新和儿媳朱良玉手书一封溢满绵绵爱意的"遗言"。面对父亲的谆谆教导和点滴交代，陈振新和朱良玉始终铭记在心，最终成就了一则信仰传承的佳话。

　　1970年的春夏之交，陈望道照例到学校参加活动，因体力不支在教学楼前的台阶处摔了一跤。这一摔让这位年近耄耋的老人患上轻度中风。自此，陈望道的身体每况愈下，不得不从1975年开始，长期住在华东医院接受治疗。1976年，陈望道的病情突然加重，先是高烧不退，被确诊为急性肺炎，紧接着又恶化成尿毒症，医院一度下达了病危通知。经过多轮专家会诊和医务人员的全力抢救，采取各种抗菌素交替使用的治疗方案，才使病情逐渐缓和下来。脱离生命危险的陈望道不由得感慨："这一次可算是死里逃生了。"但是在病痛的折磨下，陈望道也愈发感到身体大不如前。

　　住院期间，上海市有关部门和复旦大学负责同志，先后到医院探望。在病榻上的陈望道，在生命的最后时刻心心念念的，仍是一生守护的复旦校园和专注一生的语言研究。当问及有什么要求或者需要帮助解决什么问题时，陈望道诚恳地表示，作为个人，他对组织没有任何要求，但是作为一校之长，他还有三方面的考虑：一是希望有关部门尽快解决学校户口归属，改善教职工及家属生活状况；二是反对个别学者提出将语法和修辞两门学科合并的主张，认为两门学科的研究对象不同，不应合也无法合并；三是平生爱好读书，留有数千册藏书，愿意在身后尽数捐赠给复旦大学图书馆，以资留念①。

　　1977年10月，陈望道再次因肺部感染一病不起。10月29日凌晨4时，因医治无效，陈望道与世长辞，终年87岁。在陈望道离世后的第二天，上海市举行了遗体告别仪式。11月5日，上

---

①参见邓明以：《陈望道传》，复旦大学出版社2005年版，第338-339页。

海市为陈望道同志举行了隆重的追悼大会。陈望道亲属、生前友好和复旦师生员工代表出席追悼大会。时任中共上海市委书记的王一平同志致悼词。悼词对陈望道的一生做了全面回顾，肯定了他"在传播马列主义、进行革命宣传方面，为我党做了有益的工作，作出了一定的贡献"，褒扬了他"热爱毛主席，热爱党，热爱社会主义祖国。几十年来，在党的领导下，为革命、为人民做了许多好事"，"勤勤恳恳地完成党所交给他的各项任务"[①]。在场人士无不为失去了一位无比爱戴的前辈师长而感到万分悲痛。1980 年 1 月 23 日，中共上海市委组织部根据中央组织部指示精神，在龙华革命公墓为陈望道举行了骨灰盒覆盖党旗仪式。

人的生命固然有限，但是一个人真正的价值并不会因为生命的终结而消逝。人固有一死，或重于泰山，或轻于鸿毛。陈望道的一生是不平凡的一生，是追求真理的一生、拼搏奉献的一生。他鞠躬尽瘁，奋斗终身，将毕生心血和精力都献给了党的事业。他的革命精神和人格风范必将永远铭刻在我们心中，永远教育和激励后人奋勇前进。

而就在陈望道生前的最后时刻，还发生了一件令人无比动容的事情。1976 年，大病过后的陈望道或许知晓自己时日无多，便在病床上用颤抖的手在一张纸上给儿子陈振新和儿媳朱良玉写下了"遗言"。这封手书遗嘱，既是一封溢满了绵绵爱意的家书，又成就了一则信仰传承的佳话。

---

① 《陈望道同志追悼会在上海举行》，《人民日报》，1977 年 11 月 6 日。

振新吾儿、良玉吾媳同鉴：

我经常以红灯记的那革命家庭比作我们家庭，目的在于督促你们努力改造思想，刻苦攻读马列主义毛泽东思想，提高自己的政治识别能力，争取早日加入党的组织，为党工作。另外，家中诸物和留有少数稿费，望你们斟酌使用，我的藏书请送复旦大学。两个孙子聪明、活泼，希望你们引导他们，好好学习、天天向上。

陈望道 1976 年 6 月大病后留言

面对父亲的谆谆教导和点滴交代，陈振新和朱良玉始终铭记在心。"早日入党、为党工作"更是一直指引着夫妇二人一生。夫妇二人受红色家风浸润，在工作岗位上踏实勤勉，从不以陈望道家属的身份向学校和组织提过任何要求。大学毕业后，陈振新被分配到复旦大学工作，在物理系无线电基础教研组担任见习助教。进校之初，陈望道便提醒他："必须努力工作，一般老师犯了错误可以原谅的事，你也不能做！"在复旦工作 36 年，陈振新一直铭记父亲的教诲，从最基层的见习助教，一步步成长为助教、讲师、副教授、教授。朱良玉则被推荐到光学系资料室工作。其间，她积极学习外语，自学通过图书馆专业技术考核。1988 年，又调至物理学系资料室工作直至退休。陈振新夫妇数十年如一日，坚守在本职岗位上，身体力行着陈望道"低调做人"的家训。

为了加入中国共产党，陈振新曾先后 3 次递交入党申请书。尽管由于种种原因，一直没有能够实现夙愿，但他始终一心向党、信念坚定，未曾改变初心。直到 2020 年，《共产党宣言》首个中文全译本出版 100 周年之际，陈振新夫妇在传扬陈望道首译宣言精神，用红色基因铸魂育人时，受到感召和鼓舞，再次向党组织递交了入党申请书。虽已耄耋，红心向党，在入党申请书中，陈振新自我剖白道："父亲当时和我讲过，'我这么多年一直是以党员的身份要求自己，你自己要以党员的标准要求自己'。我一直记住父亲这句话。"朱良玉也表示，进入新时代，在习近平总书记领导下，社会经济和人民生活越来越好，体现出中国的国家制度、党的领导的优越性，因而她对于加入党组织的信念变得更加坚定。

2020年6月，陈振新和朱良玉分别被复旦大学信息学院和物理学系确立为入党积极分子。在陈振新眼中，要成为一名真正的共产党员，必须讲政治、讲规矩、讲道德、讲奉献。他曾说："首先要有坚定的理想信念，对党的认识要全面深刻；其次要坚持全心全意为人民服务的理念，作为党员，一定要吃苦在前、享乐在后，勤勤恳恳做事；第三就是对自己严格要求。"成为入党积极分子后，陈振新夫妇二人主动加强对党的创新理论的学习，端正入党动机，积极参与望道精神传承的各项活动，面向广大师生和群众讲述望老的故事，努力将红色精神力量传递给更多的年轻人。

2021年6月15日，复旦大学信息学院电子工程系教师党支部召开支部党员大会，讨论接收陈振新同志为预备党员事宜。经支部成员充分讨论并投票表决，同意接收陈振新同志为中共预备党员。同月29日，复旦大学物理学系行政党支部召开党员大会，讨论接收朱良玉同志为中共预备党员事宜。经支部成员充分讨论并投票表决，党支部同意接收朱良玉同志为中共预备党员。在建党100周年的重要历史时刻，陈振新夫妇被发展成为中共预备党员，这不仅是复旦大学党的建设历史上的又一段佳话，更充分说明对信仰的追求不分早晚，对理想的坚守需要终身践行。

一世心愿，一生信仰。2022年6月，在习近平总书记给复旦大学《共产党宣言》展示馆党员志愿服务队全体队员回信两周年之际，按照党员转正流程，陈振新、朱良玉经过一年的预备期考察，正式转正为中共党员。陈振新在发言中深情感慨："我们的父亲陈望道同志在遗嘱中要求我们，刻苦攻读马列主义毛泽东思想，提高自己的政治识别能力，争取早日加入共产党，为党工作。'加入共产党，为党工作'，这是父亲的遗愿，也是我们毕生的追求。现在我们入党了，完成了父亲要求的信仰传承！"

旧居焕新

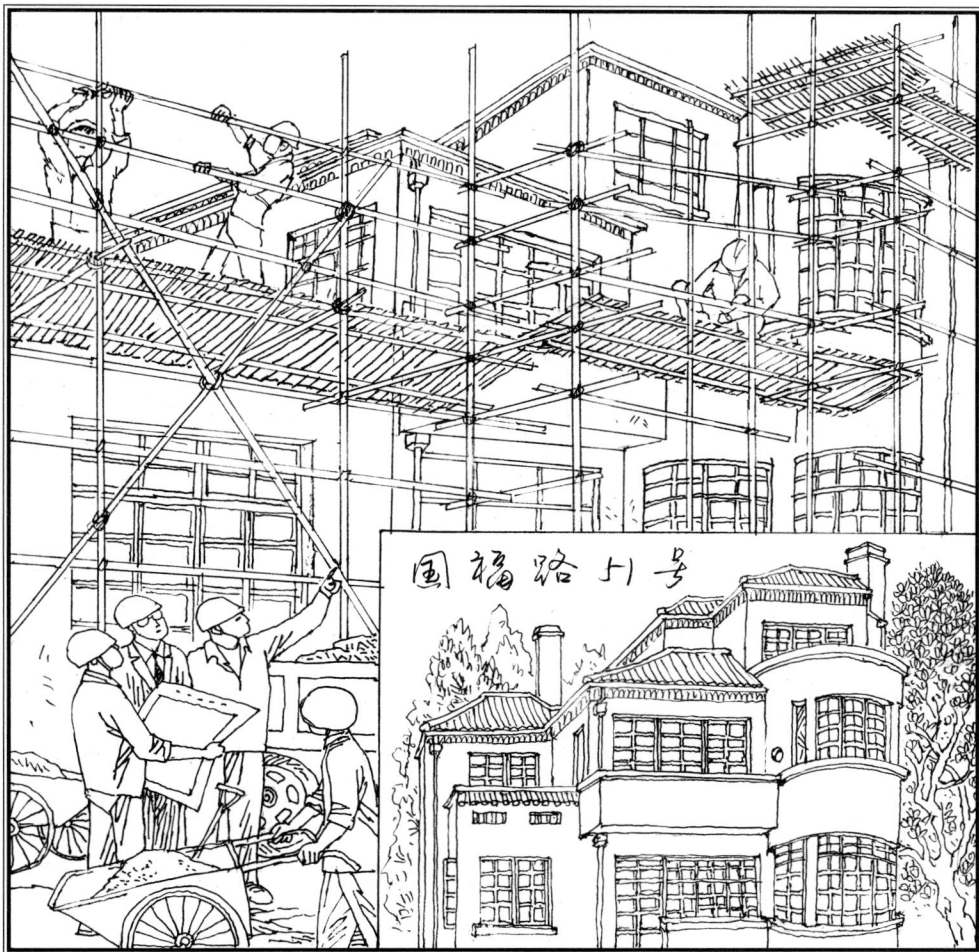

国福路
国福路51号的小洋楼是陈望道生前旧居，2018年5月以"信仰之源"为主题的《共产党宣言》展示馆重新亮相于世人面前，随着越来越多的市民游客络绎不绝，慕名而来，这里已成为立足学校、辐射上海、面向全国的爱国主义教育基地和著名红色文化地标。

在上海市杨浦区国福路的尽头，一幢三层西班牙式砖混结构的独栋别墅，坐落在片片绿荫之下。房子整体建筑面积约300平方米，内部装修多为欧式风格，顶覆绿色筒瓦，墙面为浅黄色水泥拉毛，显得十分典雅而独特。这幢房子原先是旧社会时一位资本家的私家别墅。新中国成立后，为了落实党的知识分子政策，复旦大学根据上海市的安排，将学校第九宿舍东边一隅的这幢别墅购置下来。陈望道担任复旦大学校长期间曾长期居住于此，故这里也被唤作陈望道旧居。

起初，学校想把位于淮海中路的一套花园洋房提供给陈望道居住，院子里有喷水池和大理石雕像。陈望道对此坚决表示不同意，一方面是条件过于奢华，另一方面洋房距离学校太远，不方便跟同学、教职工联系。于是，学校才为陈望道购置了国福路51号这幢三层小楼。据陈望道之子陈振新回忆，学校邀请他们一家入住时，曾遭到陈望道的多次谢绝。这幢小楼拥有大大小小房间共计10间，而当时陈望道一家只有三口人，完全没有必要占用这么多面积，他左思右想始终不愿搬入。后来，经过学校再三说明，并承诺把房子一楼腾作语法、逻辑、修辞研究室办公使用，陈望道方才答应从庐山村寓所迁入此楼。①1955年，陈望道一家入住二层三层后，语法、逻辑、修辞研究室也于同年底迁入底楼办公。底层会客厅被一分为二，靠东面一间仍然作为客厅使用，西面一间和小客厅划为研究人员的办公场地，配电间和衣帽间则作为研究室的资料和书报存放室。后来，参与过语言研究室的研究人员，有不少曾回想起当年他们和

---

①参见陈振新：《国福路51号》，《解放日报》，2005年9月22日。

陈望道在底楼开研讨会的场景。还有些时候，小洋楼也常常作为陈望道接待校外来访贵宾的重要场所。据记载，1959年，时任中国人民大学校长的吴玉章来复旦大学作报告，陈望道便是在家中款待了他。此后，还有苏联来华专家、美国校长代表团、国民党元老叶楚沧之子叶南等都曾莅临此楼。

在陈望道去世后，这栋小洋楼的命运悄然发生转变。先是陈望道家人和语言研究所相继迁出，随后到20世纪80年代学校决定将小洋楼底楼用作举行党政联席会议的场地，二楼则改建为招待所，专门用来接待兄弟院校的领导来访。然而没过多久，小洋楼便处于弃置状态，房屋的东大门和北面的后门甚至被人用木板牢牢地钉着。由于年久失修，房屋变得破败不堪，屋外杂物尘垢堆积，墙面上青苔丛生。1962届中文系校友陈四益在重访故地时，曾在一阕小词中描写了这幢小洋楼的破败：又重到、先生居处。网结蛛丝，地蟠荆楚。断木封门，蚁蛩填户、走狸鼠①。满目凄惶的景象，不由得让人心生感叹。

其间，也有学校领导曾提议重新修缮建成"校长官邸"，但因为修缮款项不足，结果无疾而终。在学校百年校庆前后，修缮陈望道旧居又再次提上议事日程。据陈振新回忆，2003年11月28日，在校庆办和校档案馆联合举办的"陈望道档案捐赠仪式"上，时任校领导曾表示准备把旧居修缮后作为展示馆，用以展陈复旦历任校长的生平事迹。与此同时，1949届新闻系学生与1980届中文系

---

①陈梦璐、唐瑶、李霁萱：《望老虽逝，绿屋犹在》，《复旦青年》，2010年12月27日。

学生也纷纷表态愿意集资修缮恩师旧居。但最终同样是因为在筹募款项上遇到诸多困难，修缮工程没能及时启动，成为百年校庆的一大遗憾。

直到十余年后，终于出现了转机。2016年，在上海市委、市政府的高度重视，上海市委宣传部、上海市教卫工作党委等相关单位的鼎力支持下，学校最终决定启动陈望道旧居修缮工程。专业修缮团队为保留整体历史建筑体量，对建筑的外立面、室内结构进行全面盘查和三维建模。经过充分的设计打磨和讨论酝酿，修缮工程正式启动。修缮团队先将大量附着在建筑表面的寄生植物予以清理，又重新粉刷大面积污损和脱落的外立面，并对建筑内部和楼梯进行了安全加固。接着，修缮团队秉持"建筑原真、环境原味、生活原貌"的设计理念，比照陈望道生前居住时留下的影像，对卧室、书房、底层会客厅等场景进行复原，一些老旧物件也被逐一清查编号，特别是陈望道曾经使用过的家具物品都被妥善保存起来。为了修旧如旧，修缮时还特意保留了建筑中大量使用的马赛克、拼花地板铺地，以及对部分卫生间墙裙采用的旧式进口瓷砖进行保护。一些严重损毁的地方，还派遣专人到外地采购同种工艺烧制的相近颜色瓷砖进行修补。

经过两年的有序推进，这栋小洋楼终于在马克思诞辰200周年、《共产党宣言》发表170周年之际，如期完成整体修缮工程，重新亮相于世人面前。学校党委还以"信仰之源"为主题将陈望道故居打造成《共产党宣言》展示馆。展示馆常设两大主题陈列：一是"宣言中译 信仰之源"主题陈设，展示《共产党宣言》的诞生、中译和影响；二是"千秋巨笔 一代宗师"主题陈设，介绍《共产党宣言》首个中文全译本翻译者、复旦大学老校长陈望道的生平事迹。2018 年五四青年节前夕，时任上海市委书记的李强同志作为展示馆试运行的首位参观者，来到陈望道旧居暨复旦大学《共产党宣言》展示馆参观。

如今，经过几年来的场馆运维，陈望道旧居暨复旦大学《共产党宣言》展示馆不仅成为复旦党史、校史的教育基地，也成为立足上海、辐射周边、面向全国的爱国主义教育基地和著名红色文化地标。越来越多的市民游客，络绎不绝，慕名而来，在这栋小洋楼中感悟真理之甘，追寻信仰之源。

星火熠熠

　　2020年的七一建党节前夕，习近平总书记给复旦大学《共产党宣言》展示馆"星火"党员志愿服务队全体队员亲切回信，肯定队员们积极宣讲老校长陈望道同志追寻真理的故事，勉励大家在学思践悟中坚定理想信念，在奋发有为中践行初心使命！

　　2020 年的七一建党节前夕，习近平总书记给复旦大学《共产党宣言》展示馆"星火"党员志愿服务队（以下简称"星火队"）全体队员亲切回信，勉励队员们继续讲好关于理想信念的故事，并对全国广大党员特别是青年党员提出殷切期望。收到回信的当晚，复旦大学第一时间召集"星火队"全体队员举行传达会议，时任校党委书记的焦扬同志向队员们逐字逐句宣读了习近平总书记的重要回信。全体参会师生对于收到习近平总书记的亲切回信，深受鼓舞，倍感振奋，会场内响起了经久不息的掌声和欢呼声。

　　"星火队"成立于 2018 年 5 月。当时，学校将陈望道旧居修缮改建为《共产党宣言》展示馆向学校、社会公众开放。经过学校的综合考量，一致认为要把《共产党宣言》展示馆变成一个培养学生永不落幕的教室，打造一支以红色基因铸魂育人的骨干队伍，"星火队"由此应运而生。学校里一批青年教师和学生自发利用课余时间面向广大师生和社会各界开展场馆志愿讲解，积极宣讲陈望道追求真理的故事，让党的创新理论"飞入寻常百姓家"。"星火队"的名字取意于"聚是一团火，散作满天星"与"星星之火，可以燎原"，寓意每一位服务队队员都能成为传播马克思主义真理的"火种"，尽己所能传播"真理之光"和"信仰之源"。2020 年，参与志愿服务的 30 名队员联名给习近平总书记写信，汇报了参加志愿讲解服务的经历和体会，表达了做《共产党宣言》精神忠实传人的信心和决心。就在去信当月，习近平总书记亲切回信，并在信中表示：

　　100 年前，陈望道同志翻译了首个中文全译本《共产党宣言》，为引导大批有志之士树立共产主义远大理想、投身民族解放振兴事业发挥了重要作用。现在，你们积极宣讲老校长陈望道同志追寻真理的故事，传播马克思主义理论，是一件很有意义的事情。希望你们坚持做下去、做得更好。

心有所信，方能行远。面向未来，走好新时代的长征路，我们更需要坚定理想信念、矢志拼搏奋斗。希望广大党员特别是青年党员认真学习马克思主义理论，结合学习党史、新中国史、改革开放史、社会主义发展史，在学思践悟中坚定理想信念，在奋发有为中践行初心使命，努力为实现"两个一百年"奋斗目标、实现中华民族伟大复兴的中国梦贡献智慧和力量。[①]

收到回信后，"星火队"认真贯彻落实习近平总书记的重要回信精神，强化理论武装、磨砺思想作风、探索长效机制、持续内容产出，不断在做好主业中培育大情怀、在实践研学中拓展大视野、在服务社会中砥砺大担当，以坚定的理想信念、扎实的理论基础、昂扬的奉献意识共同擦亮了"星火"的品牌。

为了切实提高队员讲解水平，"星火队"对标让有信仰的人讲信仰，传道者首先要明道信道的要求，在每一位队员正式上岗讲解前，设置"1+2+3"培训关，形成短中长期相结合的全过程培训机制，要求每一位预备队员都要经历一轮自学自测、二轮专家领学、三轮讲解考核，通过参与经典阅读、实践研学、理论备课、讲解培训、材料编写等活动，做到"真学、真懂、真信"，对积极传播党的创新理论和生动实践，怀有更大热情、更深感情、更坚定的自信和更

---

①习近平：《习近平书信选集》第一卷，中央文献出版社 2022 年版，第 283 页。

自觉的使命。为了强化场馆讲解效果，"星火队"以最初统一的展馆讲解词为底本，面向党政领导干部、专家学者、中小学生等不同身份、不同受教育程度、不同年龄的参观者，定制分众化讲解方案，并积极探索开发多语种宣讲服务，形成英、法、日、德等多语种讲解稿件，服务前来参观的外国游客。

为了响应习近平总书记"继续做下去，做得更好"的谆谆嘱托，"星火队"还走出场馆、走进支部、走进社区、走向一线，让理论传播范围变得更广。"星火队"及时把党的创新理论融入基层宣讲，围绕宣言精神、百年党史、党的二十大精神等内容，打造"宣言精神""追望大道""红色基因""强国追梦"四大系列 80 门课程，其中《心有所信，方能行远》系列视频微党课在"学习强国"平台的点击量逾 20 万次。此外，"星火队"还积极探索创新传播方式，复刻《太平歌》贺年卡等各类文创、参与创作原创歌曲《望道》、排演原创校史剧《追梦百年》、编纂青少年绘本《真理的味道非常甜》、设计研发"红色巴士"研学路线，用青年人喜闻乐见的形式让红色文化"活"起来、"火"起来，真正把红色资源利用好、把红色传统发扬好、把红色基因传承好。

一名队员带动一个群体，一系列产品碰撞一团火花，一支"星火"树起一面旗帜。据统计，"星火队"已服务来自学校、社会各界参观者 10 万人次、年均讲解 700 多场，先后荣获全国基层理论宣讲先进集体、全国学雷锋志愿服务"四个100"最佳志愿服务组织、中国青年志愿者优秀组织奖、2021 感动上海年度人物提名奖、上海教育年度新闻人物等荣誉，入选中央党史学习教育领导小组办公室主编的《百年初心成大道——党史学习教育案例选编》和教育部高校思想政治工作精品项目。追望大道，笃行不辍。"星火"

队将继续在习近平总书记重要回信精神的指引下，在学思践悟中坚定理想信念，在奋发有为中践行初心使命，以锻造如磐信念、传播如炬真理、锤炼如铁担当为奋斗目标，让陈望道等建党先驱们不懈追求的真理之光穿透历史的烟云，在新时代青年的心中熠熠生辉！

附录 1

从陈望道早期革命实践理解伟大建党精神

谈思嘉

[摘 要] 伟大建党精神生发于中国共产党的创党实践。陈望道作为中国共产党早期组织的核心成员，亲历了中国共产党早期创建的全过程，在思想宣传和组织动员上为创建中国共产党作出了卓越贡献，为"坚持真理、坚守理想，践行初心、担当使命，不怕牺牲、英勇斗争，对党忠诚、不负人民"的伟大建党精神提供了鲜活例证和生动注脚。站在"两个一百年"的历史交汇点上，回溯中国革命的历史原点，重温陈望道在中国共产党创建前后的革命实践，不仅有助于全面认识中国共产党早期创建史，更有助于准确理解和把握伟大建党精神的丰富内涵。

[关键词] 陈望道；革命实践；伟大建党精神；革命精神

伟大的革命实践孕育伟大的革命精神。在庆祝中国共产党成立100周年大会上，习近平总书记首次提出"伟大建党精神"的概念，并强调："一百年前，中国共产党的先驱们创建了中国共产党，形成了坚持真理、坚守理想，践行初心、担当使命，不怕牺牲、英勇斗争，对党忠诚、不负人民的伟大建党精神。"①伟大建党精神是

---

①习近平：《在庆祝中国共产党成立100周年大会上的讲话》，人民出版社2021年版，第8页。

伴随着中国共产党的创建而产生的革命精神。中国共产党"作为近代中国诞生的一个新型政治组织。它与旧式政党的区别显然不在于政党构造的形式上，而是体现为理念信仰、价值取向、愿景诉求、理论武装等方面截然不同的选择"①。而伟大建党精神正是早期创党先驱在缔造新型政党的复杂历史过程中彰显出的精神特质、价值追求和道德风范。陈望道作为中国共产党早期组织的核心成员，亲历了中国共产党的早期创党实践，在思想宣传和组织动员上为创建中国共产党作出了卓越贡献。梳理陈望道在中国共产党创建前后的革命实践，不仅有助于全面认识中国共产党早期创建史，更有助于准确理解和把握伟大建党精神的丰富内涵。

一、千秋巨笔，首译《宣言》，体现了"坚持真理、坚守理想"的精神

坚持真理、坚守理想是伟大建党精神的思想基石。中国共产党是用马克思主义武装起来的政党，马克思主义是中国共产党人理想信念的灵魂。坚持真理、坚守理想就是始终将马克思主义奉为根本指导思想。100年前的中国先进知识分子从俄国十月革命中看到了"世界人类全体的新曙光"，建立起对马克思主义的信仰。此后，从中国共产党最初一批创建者，到无数流血牺牲的革命烈士，再到投身社会主义建设和改革开放伟大实践的一代代中国共产党人，始终未曾放弃对马克思主义理论和实现共产主义的执着追求和坚定信仰。陈望道作为传播马克思主义的先驱，在翻译出版《共产党宣言》首个中文全译本的过程中充分彰显了坚持真理、坚守理想的精神，

---

①齐卫平：《中国共产党建党精神论纲》，《红色文化学刊》2020年第4期。

不仅为中国共产党的创建提供了思想上和理论上的准备，也"为引导大批有志之士树立共产主义远大理想、投身民族解放振兴事业发挥了重要作用"①。

在 19 世纪末，《共产党宣言》由中国先进知识分子通过摘译、节译、译介等方式传入中国。当然，这些翻译不仅不完整、不系统，其中不少由于翻译者对马克思主义的认识局限，以及出于不同的政治立场和目的，译文中或多或少存在着一定的主观臆断，但不可否认在客观上却也为《共产党宣言》在中国的传播起到了积极推动作用。五四运动后，中国人民对真理的渴求空前高涨，促使马克思主义在中国大地开始广泛传播，研究团体不断涌现，大量著作被翻译成中文。李大钊曾指出："我总觉得布尔扎维主义的流行，实在是世界文化上的一大变动。我们应该研究他、介绍他，把他的实象昭布在人类社会。"②李大钊、陈独秀、张闻天、谭平山、成舍我、刘秉麟等人都曾在文章中或谈及或专论或摘译《共产党宣言》。

为了更广泛地传播马克思主义，推动社会主义实践和中国革命运动的发展，北京、上海等地相继开始谋划《共产党宣言》的全文翻译工作。1919 年 11 月，进步学生团体"学生救国会"的自办刊物《国民》杂志第二卷第一期上，刊载了李泽彰翻译的《马克斯和昂格斯共产党宣言》。罗章龙在《椿园载记》中回忆，李大钊领导的北京大学马克思学说研究会下设的德文翻译组也完成了《共产党宣言》的翻译。尽管，李泽彰和北京大学马克思学说研究会都率先启动了《共产党宣言》中文全文的翻译工作，但是历史选择了陈

---

① 《在学思践悟中坚定理想信念在奋发有为中践行初心使命》，《人民日报》2021 年 7 月 1 日。
② 李大钊：《李大钊全集》第 3 卷，人民出版社 2013 版，第 53 页。

望道，《共产党宣言》首个中文全译本最终是由陈望道完成的。

当时，上海的《星期评论》主编沈玄庐、戴季陶正在酝酿将日文版的《共产党宣言》翻译成中文在刊物上连载。陈望道后来在回忆中也明确说到，翻译《共产党宣言》"是《星期评论》约我翻译的，原来准备在该刊发表"①。之所以选择陈望道来翻译，是因为他精通两门外语，汉语功底深厚，又具有一定的马克思主义理论基础，无疑是比较合适的人选，当然也离不开邵力子的举荐。面对《星期评论》的邀约，陈望道既感意外，又觉兴奋，特别是"从日本受到马克思主义影响"的他，在回国后心里总想着"要做点什么"②，于是就立刻接受了这一重任。1920年春，陈望道拿着由戴季陶提供的日译本《共产党宣言》和陈独秀提供的获自北大图书馆的英译本《共产党宣言》③，一头扎进家乡义乌分水塘的老宅柴房，开始了夜以继日的翻译工作。

全文翻译《共产党宣言》绝非易事，恩格斯曾说"翻译宣言是异常困难的"④。陈望道翻译《共产党宣言》的过程也是极其艰苦的。沈玄庐说陈望道翻译此书"硬是费了平时译书五倍的功夫，把彼底原文译了出来"⑤。为了完成翻译工作，陈望道一句一句斟酌，

---

①陈望道：《陈望道文集》第1卷，上海人民出版社1979年版，第282页。

②金冲及：《生死关头：中国共产党的道路抉择》，生活·读书·新知三联书店2016年版，第37页。

③近来有学者考证认为陈译本还参考了《天义报》在1908年1月15日发表署名民鸣翻译的《〈共产党宣言〉一八八八年英文版序言》以及《共产党宣言》第一部分的译文。见肖剑忠、谢凡：《陈望道〈共产党宣言〉中文首译本的翻译底本与时代意义》，《中国井冈山干部学院学报》2021年第3期。

④《马克思恩格斯全集》第36卷，人民出版社1975年版，第46页。

⑤沈玄庐：《答人问〈共产党宣言〉底发行所》，《民国日报·觉悟》1920年9月30日。

一字一字推敲，倾注了巨大的心血。全然忘我投入翻译工作的他，在吃粽子时，错把砚台里的墨汁当红糖水。习近平总书记也曾多次讲述这个"真理的味道非常甜"的故事。在陈望道伏案翻译时，在国民党政府任职的旧时同窗，还曾试图游说他一同到省城教育厅任职，放弃翻译以免惹当局猜忌。但是，陈望道毅然拒绝，认为翻译《共产党宣言》既开民智，又倡真理，坚持完成翻译工作。新中国成立后，陈望道在一次会见外宾时被问及为什么要坚持翻译《共产党宣言》？陈望道回答："'五四'运动时代，大家都关心国家的命运，许多人在寻求中国社会怎么发展的方向。当时各种各样的新思潮涌进来，有无政府主义、工团主义，以及其他一些名目的主义，还有影响比较大的马克思主义。我信仰马克思主义，所以就把它翻译介绍进来，供大家研究。[①]"

　　《共产党宣言》翻译完成后，陈望道携译稿来到上海。但不久后《星期评论》因"言论问题"被反动当局查禁，译文无法按原定计划连载，不得不另找途径发表。根据现存原本版权页的信息显示，陈望道翻译的《共产党宣言》于 1920 年 8 月由又新印刷所以"社会主义研究社"的名义，作为社会主义研究小丛书的第一次出版。当然，也有学者考证分析认为，《共产党宣言》在 1920 年 6 月已印刷出版，这也是完全有可能的[②]。暂且抛开首次出版发行时间的争议不论，我们仍可以确认的是，陈望道翻译完成的《共产党宣言》首个中文全译本，一经出版便在国内引起巨大反响，成

----

①陈望道的学生陈光磊回忆，陈望道为了回答外宾的提问，曾事先将该答复与同学们分享交流，听取他们的意见。

②霍四通：《陈望道翻译〈共产党宣言〉研究》，上海人民出版社 2021 年版，第 122—127 页。

为当时国内流传最广、影响最大的马克思主义著作。据记载，首印1000册迅速赠送完了，次月再版重印的1000册也很快销售一空，1926年5月前已重印达17版，还为了规避当局审查，多次更换书名、译名和出版社名。它不仅是各地共产党早期组织内部开会"互相交谈的依据"①，也成为在中国大地上催生了无数革命先驱走上革命道路的"信仰之源"。

二、心系国难，参建党团，体现了"践行初心、担当使命"的精神

践行初心、担当使命是伟大建党精神的鲜明标识。中国共产党是一个有担当精神的政党，"为中国人民谋幸福、为中华民族谋复兴"是中国共产党人的初心和使命。在20世纪20年代，面对日益深重的民族危机和社会危机，以陈望道为代表的早期创党先驱，义无反顾肩负起实现中华民族伟大复兴的历史使命，积极投身救亡图存的革命事业，在不懈探索中奋力创建中国共产党，从而使中国革命有了坚强的领导核心和正确的前进方向，使近代以来中华民族的悲惨命运展露出光明的发展前景。

陈望道自幼饱受传统文化的熏陶和浸润，对忧患意识、舍生取义等传统文化的精髓有着深刻理解，并能身体力行地将忧患意识转化为利民兴邦的实际行动。早年受"教育救国"思想的影响，陈望道认为要使国家强盛起来，首先要破除迷信和开发民智，于是便回到家乡兴办村学，帮助千百万民众实现思想上的觉醒。不久后，在

---

① 中国社会科学院现代史研究室等选编：《"一大"前后——中国共产党第一次代表大会前后资料选编》二，人民出版社1980年版，第31页。

"实业救国"思潮的驱使下,陈望道考入杭州的之江大学专修英语和数学,为赴海外留学向西方学习科学做准备。而辛亥革命的失败,彻底打消了他的"实业救国"的幻想。但是,陈望道内心始终充盈着"天下兴亡,匹夫有责"的家国情怀,留学日本的他仍时刻关心国内外形势,并在进步教师和刊物的影响下开始接触到社会主义思潮。1919 年,在五四运动热潮的感召下,陈望道结束在日本的学业返回中国,就任浙江省立第一师范学校国文教员。其间,陈望道大力推行教育改革,支持进步学生兴办刊物、成立社团,引领他们投身于轰轰烈烈的反帝反封建的新文化运动中。当时,原名陈参一的他还给自己取了笔名"望道",寓意为探索展望新的道路、新的道德、新的法则,寄予了为苦难的中国继续探寻救国道路的一片赤诚之心。然而,在守旧势力的阻挠下,陈望道的改革主张最终以失去教职告终。

残酷的现实促使陈望道认清"所谓除旧布新并不是不推自倒、不招自来的轻而易举的事情"[①],开始从文学改革转向寻找社会变革的新出路。翻译完《共产党宣言》后,陈望道应邀返沪出任《星期评论》编辑。因刊物被查封,后应陈独秀之请改任《新青年》编辑。当时,在共产国际代表维经斯基的积极推动下,陈独秀、李汉俊、李达、陈望道等人经常在《新青年》编辑部交流,共同商讨马克思主义和中国社会改造问题。1920 年 5 月,陈望道同陈独秀、李汉俊、施存统、戴季陶等人发起成立马克思主义研究会。该组织最初没有纲领,会员入会也没有成文的手续,吸收会员的条件比较宽松,

---

①金普森:《陈望道和马克思主义在中国的传播》,《浙江学刊》1991 年第 4 期。

只要对马克思主义感兴趣的皆可加入研究会。随着交流的深入，他们越发觉得要解决中国的问题，就必须彻底改革社会制度，"有学习布尔什维克的作风，建立严密的组织的必要"①。1920年6月，陈独秀、李汉俊、俞秀松、施存统、陈公培在法租界环龙路老渔阳里2号（今南昌路100弄2号）陈独秀寓所开会，决定成立共产党组织，并初步定名为"社会共产党"。同年8月，经过一番筹备和酝酿，中国共产党早期组织创建，确定名称为"共产党"，最初的成员都是马克思主义研究会的骨干。这一组织对外公开使用的名称仍是马克思主义研究会，对内则叫中国共产党，并"通过写信联系、派人指导或具体组织等方式，积极推动各地共产党早期组织的建立，实际上起着共产党发起组的作用"②。

为了便于公开活动，进一步壮大队伍力量，陈独秀考虑把进步青年吸纳和组织起来加以培养。故在中国共产党早期组织创建后不久，陈独秀就委派杨明斋、俞秀松在霞飞路新渔阳里6号（今淮海中路567弄6号）筹建上海社会主义青年团。1920年8月22日，共有8人参与发起了上海社会主义青年团，陈望道便是其中之一，还有3人曾是他在浙江一师的学生。社会主义青年团成立后，一项重要工作就是创办外国语学社，以公开办学形式掩护革命活动。陈望道作为外国语学社的教员，负责讲授《共产党宣言》以及马克思主义理论，特别注重结合时代变化为学员们讲授人生的信仰、道

---

①中国社会科学院现代史研究室等选编：《"一大"前后——中国共产党第一次代表大会前后资料选编》二，人民出版社1980年版，第68页。
②中共中央党史研究室：《中国共产党历史》第1卷（1921—1949）上册，中共党史出版社2002年版，第52页。

路的选择等重大问题，将他们紧密团结在党团组织的周围，为革命事业培养和输送了一大批青年人才。周伯棣回忆说，陈独秀、陈望道"经常关怀我们的学校"①。萧劲光还回忆在外国语学社学习《共产党宣言》的情景："书是由陈望道翻译的，马列主义课也由他主讲，每个星期日讲一课。"②陈望道本人也在 1957 年回忆社会主义青年团的情况时说："青年要求进步、要求找出路的心很切，很需要有人指点。当时上海一些进步报刊，经常答复青年一些问题，于是，一些青年便跑到上海来了（其中有些是因闹学潮离开学校，不满家庭包办婚姻而逃出来的）。我们曾为他们安插住处，给他们补习功课。以后，在他们中间发展了团员。③"

作为上海马克思主义研究会和上海共产党早期组织的核心成员，陈望道用实际行动践行着救国救民的初心使命，积极传播马克思主义，推动马克思主义与中国实际相结合，为中国共产党和中国共青团的早期创建作出了卓越贡献。

三、革新刊物，指导工运，体现了"不怕牺牲、英勇斗争"的精神

不怕牺牲、英勇斗争是伟大建党精神的行为本色。作为力图推翻封建旧制度的革命党，中国共产党"诞生于国家内忧外患、民族危难之时，一出生就铭刻着斗争的烙印，一路走来就是在斗争中求

---

①中共浙江省委党史研究室编纂：《俞秀松纪念文集》，当代中国出版社 1999 年版，第 16 页。

②中共上海市委党史研究室、中国社会主义青年团中央机关旧址纪念馆：《觉悟渔阳里：上海社会主义青年团创建史料选辑》下，上海人民出版社，第 1355 页。

③中共上海市委党史研究室、中国社会主义青年团中央机关旧址纪念馆：《觉悟渔阳里：上海社会主义青年团创建史料选辑》下，上海人民出版社，第 1325 页。

得生存、获得发展、赢得胜利"[1]。旧中国，政治环境恶劣，社会矛盾尖锐，外无独立、内无民主，反动势力十分强大。在这种局势下，要在中国成立一个以马克思主义为指导的无产阶级政党，就必须突破无数阻力、克服万种艰险。中国共产党人始终保持顽强的斗争精神、坚韧的斗争意志、高超的斗争本领，毫无畏惧地面对一切困难和挑战，坚定不移地开辟新天地。尽管，陈望道在参与创建中国共产党的过程中，未曾面临生死考验，但他在以笔为剑，同各种反对马克思主义的社会思潮进行坚决的、毫不妥协的斗争，以及在动员工人阶级对抗资本家的剥削和压迫中表现出鲜明的立场和态度，都充分体现了不畏强敌、不惧风险、敢于斗争的精神。

上海共产党早期组织成立后，为了使《新青年》在宣传马克思主义方面发挥更大作用，陈独秀决定将《新青年》改组和革新成中国共产党早期组织的机关刊物。1920 年，陈望道返回上海后受邀加盟《新青年》编辑部，最初只是担任编辑的角色。但同年 12 月，因陈独秀前往广州主政全省教育，陈望道开始代替陈独秀主持《新青年》编务工作。陈独秀去广州前，曾专门就此人事安排写了两封信。在第一封致北京同人编辑的信中，他写道："弟日内须赴广州，此间编辑事务已请陈望道先生办理，另外新加入编辑部者，为沈雁冰、李达、李汉俊三人。"在另一封给胡适、高一涵二人的信中又写道："弟今晚即上船赴粤。此间事都已布置了当，《新青年》编辑部事有陈望道君可负责，发行部事有苏新甫君可负责。"[2]通过

---

①习近平：《在"不忘初心、牢记使命"主题教育总结大会上的讲话》，《人民日报》2020 年 1 月 9 日。

②任建树主编：《陈独秀著作选编》第 2 卷，上海人民出版社 2009 版，第 317—318 页。

这两封信，可以明确得知，即将离沪的陈独秀已将《新青年》的编务工作交付给陈望道，陈望道由此成为《新青年》"副主编兼编辑部主任的角色"①。

在代理《新青年》编务工作期间，陈望道积极组稿、撰稿和编校，为了随时与李汉俊、沈雁冰、李达等人商讨问题，他还特地"搬到陈独秀家里去了"②。在陈望道的主持下，《新青年》设计了全新的封面，开辟了新的专栏，刊登了大量宣传马克思主义、国际共产主义运动的译介文章，进一步亮明了马克思主义的办刊方向。当然，陈望道这一"树旗帜"的方法，并不意味着排除一切异己之见，对于一些持有不同政治主张的稿子，他延续了陈独秀"不除其旧只增其新"的宽容态度，予以照常刊登。这既能扩大影响面，吸引更多人信仰马克思主义，又能在舆论高压下起到一定的掩护作用。在校对上，为了保证刊物质量，陈望道也总是亲力亲为做最后把关。他在 12 月 16 日写给周作人的信中就表示："前两期校对颇欠精审，损了价值不少，此后三校我想自己亲校，或许可以稍为好一点。③"

《新青年》的改组和革新也引起了一些人的反对。胡适嫌《新青年》刊登马列言论，"色彩"过于鲜明，表示出强烈不满，声称无法忍受闭口不谈具体的政治问题，却高谈阔论马克思主义，并抨击《新青年》差不多成了 Soviet Russia（《苏维埃俄罗斯》）的汉译本。他还在写给陈独秀的信中提出了三点主张：一是另办一个

---

①徐光寿：《关于陈望道在〈新青年〉编辑部若干问题的考证》，《上海党史与党建》2020 年第 10 期。

②宁树藩、丁淦林：《关于上海马克思主义研究会活动的回忆——陈望道同志生前谈话记录》，《复旦学报（社会科学版）》1980 年第 3 期。

③陈望道：《陈望道书简》，《复旦学报（社会科学版）》1979 年第 3 期

关于哲学文学的杂志，二是恢复"不谈政治"的戒约，三是停办《新青年》，甚至还提出要将《新青年》编辑部迁回北京，借此掌控《新青年》。但这些主张均遭到了陈独秀、李大钊等人的坚决反对。面对妄图分裂《新青年》、篡改办刊方向的情况，陈望道展开了针锋相对、有理有节的斗争，特别是对胡适自己不给《新青年》供稿，反倒一味指责的态度予以驳斥，并表达了对胡适所信奉的实验主义的怀疑。陈望道的据理力争有力地捍卫了《新青年》的马克思主义办刊方向，巩固了其作为中国共产党早期组织机关刊物的重要地位。

担任"劳工部长（也叫工会部长）"①的陈望道还以《劳动界》作为向工人阶级宣传马克思主义的主要阵地，"启发和培养工人的阶级觉悟"②，努力为中国共产党发动工人群众、制造舆论创造有利条件。《申报》曾介绍该刊"系一种新周刊，载有陈独秀、陈望道君等文件，由法租界大自鸣钟对面新青年社经售"③。作为刊物的编委和主要撰稿人，陈望道先后发表了《平安》《真理底神》《女子问题和劳动问题》《劳动者唯一的"靠著"》等文章。在文章中，他用浅显易懂的语言，揭露资本家对工人阶级的剥削和压迫，教育和鼓励广大工人为争取自身彻底解放而斗争。他坚决主张和支持工人罢工，反对不抵抗主义，认为罢工是"是铲除掠夺恶性的行为，都是合乎我们人类全体理想的行为，都是推进文化转轮的行为，都

---

①宁树藩、丁淦林：《关于上海马克思主义研究会活动的回忆——陈望道同志生前谈话记录》，《复旦学报（社会科学版）》1980年第3期。

②中国社会科学院现代史研究室等选编：《"一大"前后——中国共产党第一次代表大会前后资料选编》二，人民出版社1980年版，第22页。

③《志谢》，《申报》1920年8月30日。

是滋养人类长进的行为"①，并在文章中向工人阶级传授斗争的经验与教训。

陈望道还身体力行，经常深入工人集中居住的地区，开办面向工人的业余学校，当面向工人大众发表关于劳工神圣和劳工联合的演说，指导工人进行罢工，成立工会组织。1920 年，陈望道参与策划了庆祝五一劳动节的集会活动。当年 4 月，上海各界联合会曾发出公告宣布要举办列队游行纪念五一劳动节，此举引发军阀政府的恐慌。5 月 1 日当天，上海宣布戒严，意图阻止召开纪念活动，不少纪念活动在中外军警的阻挠下被迫取消。但是，陈望道参与策划的五一集会活动，突破反动势力的重重封锁，在澄衷中学如期举行。这次短暂的集会意义重大，俞秀松说："这对上海无产阶级来说是第一次。"②此外，组织工会也是中国共产党领导工人运动的核心。但组织工会并不容易，经常会遭受反动势力的破坏，但陈望道仍坚持在改造旧有框架的行会的基础上，指导工人成立新的工会组织，曾先后参与纺织工会、印刷工会和邮电工会的创建工作。

四、不辱使命，为党工作，体现了"对党忠诚、不负人民"的精神

对党忠诚、不负人民是伟大建党精神的价值追求，具体表现为在思想上政治上行动上无条件地坚决遵从党的意志，听从党的决定，服从党的安排。1922 年，陈望道因不满陈独秀的家长制领导作风，对党内生活不民主存在意见，辞去了党内职务，但并未放弃对马克

---

①陈望道：《陈望道文集》第 1 卷，上海人民出版社 1979 年版，第 194 页。
②中共浙江省委党史研究室编纂：《俞秀松纪念文集》，当代中国出版社 1999 年版，第 230 页。

思主义的信仰。对于组织上交付的各项任务，无论面临多大挑战和压力，他都矢志不渝、毫不动摇地服从安排，毕生都在投身教育和文化事业中践行"活着一天，就要为党工作一天"①的信条。

中共一大召开后，中国共产党中央局发表通告，要求上海、广东等地建立区执行委员会。1921年11月，中共上海地方委员会成立，直属中央领导。在初建中共上海地方委员会时，按规定应设3人以上的委员会，因上海情况特殊，仅设书记一人负责管理党务，陈望道被推选为首任书记。就任后，陈望道为上海地方早期组织作出了开拓性的历史贡献。陈望道担任中共上海地方委员会书记的时间并不长，1922年5月，他向党组织提交了辞呈。此举一度引发了一些不明真相的党员的非议，认为陈望道是投机革命，甚至有人责骂他叛党、叛变革命。其实，陈望道提出辞呈是因为他不满陈独秀的家长制作风，对党内生活有意见，而并非背叛或放弃革命。沈雁冰在《我走过的道路》中也曾记载，"从前有个上海地方执行委员会，第一任的委员长是陈望道，后来陈望道因不满陈独秀的家长作风而辞职"②。

辞去职务后，陈望道开始专心从事文化教育工作，但他仍忠贞不渝地坚守为共产主义事业奋斗的决心。他曾对沈雁冰说："我信仰共产主义终身不变，愿为共产主义事业贡献我的力量，我在党外为党效力，也许比在党内更方便。"③对于党所交付的各项任务，陈望道都是一如既往地努力完成。他曾回忆，在1923年的一天，

---

①陈光磊、陈振新：《追望大道：陈望道画传》，复旦大学出版社2020年版，第214页。
②茅盾：《我走过的道路》上，人民文学出版社1997年版，第265页。
③茅盾：《我走过的道路》上，人民文学出版社1997年版，第268页。

陈独秀给他一张小条子，上面写道："上大请你组织，你要什么同志请开出来，请你负责。"①上海大学前身为东南高等专科师范学校，因校长王理堂借学敛财、携款私逃而引发学潮。陈独秀写条子给陈望道，就是请他出面接管学校，并参与成立上海大学的事宜。收到纸条的陈望道，马上欣然接受，即刻赴任上海大学教务长。在上海大学，陈望道不仅完成教学任务和学术研究，还在党的领导下率领全校师生投入五卅反帝斗争，为党培养了一大批干部，上海大学也因此成为当时上海革命活动的中心。再比如，1929 年，由于中华艺术大学办得不景气，中共上海地方党组织决定派人前去接管。当时国共之间的斗争形势十分严峻，中共方面已不便公开出来组织领导这所学校，于是决定选派一名在文化界和学术界颇具声望的人士来主持学校工作。经过反复考虑，最后决定聘请陈望道来担任该校校长。陈望道再次接受组织的委派，于 1929 年至 1930 年出任中华艺术大学校长一职，为党团结凝聚了一批进步师生和左翼文化人士。

1940 年，陈望道辗转到内迁重庆北碚的复旦大学任教。当局再三力邀他出任学校的训导长，陈望道本不愿应承，后在周恩来领导的中共南方局的指示下，才最终接受这一职务。②其间，陈望道利用这一身份，积极掩护进步师生的革命活动，避免进步力量遭到反动势力的打击和镇压，使复旦大学成为大后方的"民主堡垒"，

①陈光磊、陈振新：《追望大道：陈望道画传》，复旦大学出版社 2020 年版，第 130—133 页。

②周晔：《陈望道：为党育人为国育才的师道楷模》，《中国高等教育》2020 年第 9 期。

还被中共南方局誉为"最好最典型"的学校据点①。特别是陈望道把自己的居住的"潜庐"当作地下党的活动场所，支持学生创办《中国学生导报》。重庆《新华日报》曾评价这份刊物"使国民党统治的心脏地区，也有了传播中国学生正义呼声和进步要求的学生报纸"②。由此可见，只要是党的工作，陈望道都一定尽力完成。

陈望道不仅时刻以党员身份要求自己"为党工作"，还要求家人也要以党员的标准严格要求自己。1976年6月，在生命的最后时刻，他还强忍病痛，用颤抖的字迹给儿子和儿媳写下了"大病后留言"。"振新吾儿，良玉吾媳同鉴：我经常以红灯记的那革命家庭来比作我们家庭，目的在乎督促你们努力改造思想，刻苦攻读马列主义毛泽东思想，提高自己的政治识别能力，争取早日加入共产党，为党工作"③。这也成了陈望道对儿子和儿媳的最后遗愿。

站在"两个一百年"的历史交汇点上，回溯中国革命的历史原点，陈望道等老一辈革命家的早期创党实践，为学习、感悟伟大建党精神的丰富内涵提供了鲜活例证和生动注脚。在新时代，广大党员要继续弘扬光荣传统、赓续红色血脉，永远把伟大建党精神继承下去、发扬光大，不断锤炼共产党人鲜明的政治品格，为夺取全面建设社会主义现代化国家新胜利、实现中华民族伟大复兴的中国梦作出新的更大贡献。

本文原刊于《红色文化学刊》2021年第3期

---

①朱立人、吴让能、邹剑秋编写：《为了祖国的明天——复旦大学地下党领导群众斗争史料集》，复旦大学出版社2002年版，第265页。
②邬鸣飞：《关于〈中国学生导报〉》，《新闻大学》1982年第4期。
③据陈望道儿子陈振新收藏信件。复旦大学档案馆藏有此信复制件。

附录 2

陈望道生平年表

1892 年

1 月 18 日，出生于浙江义乌分水塘村。

1898 年至 1905 年

接受私塾教育，攻读四书五经，并学习拳术，课余参加田间劳动。

1906 年

就读于义乌官立绣湖高等小学堂。

1907 年

回乡兴办村学，向当地封建迷信发起挑战。

1908 至 1912 年

考入金华府立中学堂。

1913 至 1914 年

先在上海某补习学校学习英语，后入之江大学攻读英文和数学，为出国留学作准备，其间发表数篇讨论数学问题的论文。

1915 年

年初，赴日留学，短暂进修日语，参加反对"二十一条"卖国条约以及反对复辟帝制的运动。

1916 年

9 月，进入日本早稻田大学学习。参加丙辰学社等留日学生社团。

1917 年

5月，从日本早稻田大学退学。

9月，作为"听讲生"在日本东洋大学就读。

俄国十月革命后，受河上肇、山川均、幸德秋水等日本进步学者的影响，开始接触马克思列宁主义。

1918年

3月，从日本东洋大学退学。

1919年

7月6日，毕业于日本中央大学，获法学学士学位。在五四运动感召下学成回国。

9月，经沈仲九介绍，应浙江省立第一师范学校经亨颐校长之聘，任国文教员，与夏丏尊、刘大白、李次九一道大胆改革国文教学。

12月，指导施存统发表《非孝》一文，引发"一师风潮"。

1920年

3月29日，"一师风潮"后，陈望道等人被迫辞职离校。

4月，依据《共产党宣言》日译本、英文本，完成《共产党宣言》中文全文翻译。

4月底，应《星期评论》社邀请到沪任职。抵沪后，《星期评论》因故停刊，旋应陈独秀之邀，参加《新青年》编辑工作。

5月1日，同陈独秀等人在澄衷中学发起"五一"国际劳动节纪念活动。

5至8月，参与上海马克思主义研究会活动，后加入中国共产党发起组，成为核心成员。

8月，翻译的《共产党宣言》作为"社会主义研究小丛书第一种"出版发行，由又新印刷所印刷出版，这是《共产党宣言》的首个中文全译本。

8月15日，参与创办《劳动界》。

8月22日，参与创建上海社会主义青年团。

9月，应聘至复旦大学中文系任教，开设文法、修辞课程。

12月，陈独秀赴广东后，开始主持《新青年》编务工作。

1921 年

8月3日，主编的《国民日报》副刊《妇女评论》创刊。

11月，中共一大召开后，担任中共上海地方委员会第一任书记。

1922 年

1月28日（农历正月初一）上午，组织上海地方党组织成员上街散发"贺年帖"。

5月5日，出席马克思诞生104周年纪念会并发表演说。

7月31日，首次到访位于浙江上虞白马湖畔的春晖中学考察。

1923 年

5月3日，受邀到上海大学讲授美学。

暑假，应邀再赴春晖中学参加夏期教育讲习会，并作演讲。同年秋，受陈独秀之邀，前往上海大学任教，开设美学、修辞学、文法学等课程。

8月8日，被推选为上海大学教职员评议会评议员。

1925 年

春，参加由匡互生、叶圣陶、夏丏尊、朱自清等组织的"立达学会"，在立达学园任教。

5月，接任上海大学代理校长并兼学务长。五卅运动爆发后，率领全校师生投入反帝爱国斗争。

1927 年

春，上海大学新校舍竣工，定于4月1日起正式复课。

"四·一二"反革命政变后，上海大学被强行解散。

5月，出任复旦大学中文系主任及复旦实验中学校长。

1928 年

1月至8月，筹建大江书铺，并于9月开业。

1929 年

秋，出任地下党创办的中华艺术大学校长。

1930 年

3月2日，中国左翼作家联盟成立大会在中华艺术大学内召开。

5月24日，中华艺术大学被国民党反动派查封。

9月16日，在东阳蔡府与蔡葵举行新式婚礼。

1931 年

2月，因保护左派学生，受迫害而离开复旦大学，蛰居上海寓所专心撰写《修辞学发凡》。

1932 年

1月，《修辞学发凡》上册出版，同年8月出版下册。

1月17日，参与发起中国著作者协会。

2月3日，同茅盾、鲁迅、叶圣陶等43位左翼作家和进步文化人，联名发表《上海文化界告世界书》。

2月8日，发起成立上海著作者抗日会，后被推选为秘书长。

1933 年

3月14日，出席上海学术界举办的马克思逝世五十周年纪念大会，并发表演讲。

9月，应邀赴安徽大学任教，开设普罗文学课。

1934 年

5月20日，大江书铺召开最后一次股东临时大会后关门歇业，全部资产折价盘给开明书店。

6 月，组织发起大众语活动，反对"文言复兴"等复古思潮。

9 月 20 日，《太白》创刊号出版。

1935 年

8 月，赴广西省立师范专科学校任中文科主任，主讲修辞学、中国文法。

9 月，《太白》被迫停刊。

11 月 16 日，指导夏征农等人主编的进步刊物《月牙》创刊。

1936 年

随广西省立师范专科学校并入广西大学，从桂林迁往南宁。

1937 年

7 月，抗战爆发，从广西返回上海，参与组织发起上海市文化界救亡协会，从事抗日救亡运动。

是年，积极提倡汉字简化和拉丁化新文字运动，亲自到难民所开展扫盲、普及教育新文字宣传。

1938 年

6 月，制订《拉丁化汉字拼音表》。

7 月，发起成立上海语文学会，任副理事长。

"八·一三"淞沪战役爆发后，在社会科学讲习所开设中国文艺思潮、中国语文概论。

冬，以《语文周刊》为论坛，发起关于中国文法革新讨论，历时 4 年。

1939 年

11 月，以"上海语文教育学会"名义借上海大新公司五楼举行为期 10 天的"中国语文展览会"，宣传祖国语言文字以及文字改革。

1940 年

秋，经香港赴抗战后方，到重庆北碚复旦大学中文系任教，其间出任训导长，保护进步学生、掩护地下党员。

9 月，暂代复旦大学新闻系主任。

1942 年

正式接任复旦大学新闻系主任。

1943 年

3 月，恢复"复新通讯社"，兼任社长。

4 月，为复旦大学新闻系提出"好学力行"的系铭。

1944 年

6 月，提议并筹建复旦新闻馆。

9 月 1 日，举行复旦大学新闻馆奠基典礼。

12 月 22 日，《中国学生导报》正式创刊，报社社址设在潜庐。

1945 年

4 月 5 日，复旦新闻馆落成典礼隆重举办，发表《新闻馆与新闻教育》的讲话。

8 月下旬，国共重庆谈判期间，受到毛泽东邀见。

1947 年

年初，加入地下党领导的大学教授联谊会。

3 月 2 日，中国语文学会在上海成立，任理事。

5 月，华东地区十六所高等院校的"大学教授联合会"成立，任联合会主任。

1948 年

秋季，由国民党特务控制的《新新闻社》分子在张贴一封致新闻系主任陈望道的公开信，公开对其威胁与侮辱。

1949 年

2 月 22 日，复旦大学为迎接上海解放成立"应变委员会"，任应变委员会副主任。

4 月 5 日，复旦大学新闻系师生举办庆贺陈望道先生执教 30 周年暨 59 岁寿辰。

5 月 27 日，上海解放，复旦大学迎来新生。

7 月初，参加第一届中华全国文学艺术工作者代表大会，受中央领导接见。

7 月 29 日，由中国人民解放军上海市军事管制委员会任命为复旦大学校务委员会副主任兼文学院长，主持校委会工作。

9 月，出席中国人民政治协商会议第一届全体会议。

12 月，被任命为华东军政委员会委员。

1950 年

4 月，出任华东军政委员会文化教育委员会副主任和华东文化部部长。

12 月 5 至 6 日，出席上海各界人民抗美援朝、保家卫国代表会议并发言。

12 月 14 日，组织上海高等学校全体教师举行抗美援朝保家卫国大会，会后进行示威游行。

12 月 23 日，被推选为上海新文字工作者协会第二届理事会主席。

1951 年

6 月，由沈志远、苏延宾介绍，加入中国民主同盟。

1952 年

10月，由中央人民政府政务院任命为复旦大学校长。11月15日，毛泽东主席签署委任状。

10月，当选民盟上海市委员会副主任委员。

1954年

2月，出任华东行政委员会委员、华东行政委员会高教局局长。

5月27日，首倡校庆科学报告讨论会。为第一届校庆科学报告讨论会题词。

10月，参加第一届全国人民代表大会。

1955年

6月，当选中国科学院哲学社会科学学部常务委员会委员。

10月15至23日，出席第一届全国文字改革会议，任上海代表团领队。

10月25至31日，出席现代汉语规范问题学术会议。

12月，筹建复旦大学语法、修辞、逻辑研究室。

1956年

元旦，受毛泽东主席邀见，鼓励继续从事修辞学研究。

9月，筹建上海语文学会，任会长。

10月，率中国大学校长代表团赴德意志民主共和国考察访问。

1957年

1月，《学术月刊》创刊，任编委会主任。

6月，中共中央组织部批准上海市委接受陈望道为中共党员，因考虑到历史情况和当时工作需要未予公开。

1958年

3月9日，上海市哲学社会科学学会联合会成立，当选为主席。

5月，当选民盟上海市委员会主任委员。

7 月，任国务院科学规划委员会语言学组副组长。

11 月 12 日至 12 月 4 日，出席民盟第三次全国代表大会，当选民盟中央副主席。

是年，复旦大学语法、修辞、逻辑研究室更名为复旦大学语言研究室。

1961 年

7 月 1 日，出席上海市各界人民庆祝中国共产党成立四十周年大会，代表上海市各民主党派、无党派民主人士和工商业者致祝词。

1962 年

春，接任《辞海》总主编。

10 月，随全国人大代表团赴越南访问。

1963 年

3 月 26 日，主持召开校务扩大会议，组织全校师生讨论学风和校风建设问题。

秋，蔡葵旧病复发，陪同前往青岛疗养。

1963 年

夏，蔡葵病逝。

1965 年

4 月，《辞海》（未定稿）内部发行出版。

是年，拿出稿费捐建校门。

1966 至 1972 年

"文化大革命"期间，被迫停止行政职务和社会活动。

1972 年

是年，批准复出工作，以上海政协副主席身份参与外事接待和有关社会活动。

12 月，被委以复旦大学革委会主任名义。

1973 年

8 月，当选中国共产党第十次全国代表大会代表，出席中共十大。

1975 年

1 月 13 至 17 日，出席中华人民共和国第四届全国人民代表大会，当选第四届全国人大常委会委员。

春，因病入住华东医院。

1976 年

在病榻上坚持整理修订《文法简论》，书稿年底送交出版社。

1977 年

10 月 29 日凌晨 4 时，在华东医院病逝。

/244

主要参考书目

1、倪海曙：《春风夏雨四十年——回忆陈望道先生》，知识出版社1982年版。

2、复旦大学语言研究室：《〈修辞学发凡〉与中国修辞学》，复旦大学出版社1983年版。

3、复旦大学语言研究室编：《陈望道修辞论集》，安徽教育出版社1985年版。

4、陈光磊、李熙宗：《陈望道论语文教育》，河南教育出版社1989年版。

5、复旦大学语言文学研究所编：《陈望道先生诞辰一百周年纪念文集》，学林出版社1992年版。

6、中国人民政治协商会议重庆市北碚区委员会文史资料委员会编：《抗日战争时期的北碚》，1992年内部发行。

7、王正：《第三次国内革命战争时期复旦大学党的活动》，复旦大学出版社2000年版。

8、本书编写组编：《为了祖国的明天》，复旦大学出版社2002年版。

9、邓明以：《陈望道传》，复旦大学出版社2005年版。

10、上海鲁迅纪念馆编：《陈望道先生纪念集》，复旦大学出版社2006年版。

11、周维强：《太白之风——陈望道传》，浙江人民出版社2006年版。

12、陈望道：《恋爱 婚姻 女权——陈望道妇女问题论集》，复旦大学出版社2010年版。

13、陈立民，萧思健：《千秋巨笔 一代宗师：纪念陈望道先生诞辰 120 周年》，复旦大学出版社 2013 年版。

14、丁士华、杨家润、陈启明、柳浪编著：《烽火中的复旦》，重庆出版社 2017 年版。

15、陈光磊、陈振新：《追望大道——陈望道画传》，复旦大学出版社 2020 年版。

16、陈望道：《陈望道手稿集》，复旦大学出版社 2021 年版。

17、焦扬主编：《陈望道文存全编》，复旦大学出版社 2021 年版。

18、霍四通：《陈望道翻译〈共产党宣言〉研究》，上海人民出版社 2021 年版。

19、焦扬主编：《中共复旦大学纪事（1919-1949）》，复旦大学出版社 2021 年版。

20、谈思嘉、孙冰心：《真理的味道非常甜》，上海辞书出版社 2023 年版。

后记

　　2019 年 6 月，我作为复旦大学博士生讲师团代表受邀进京，面向中宣部机关干部汇报宣讲时，曾以《理想的底色》为题，汇报了多年来积极宣讲陈望道老校长生平事迹的体会。

　　2023 年 4 月，我毕业留校任教一年后，服从安排，将人事关系从马克思主义研究院转到望道研究院，开始专职从事陈望道思想生平的研究和宣传。

　　兜兜转转几年间，我与陈望道老校长似乎在冥冥之中结下了不解之缘。在 2021 年全党开展党史学习教育和庆祝中国共产党成立100 周年、2022 年庆祝中国共青团成立 100 周年、2023 年《望道》电影上映前后，陈望道老校长追寻真理的故事，成为我学术研究和理论宣讲的重点话题。去年，在悦悦图书负责人罗红老师和资深出版人陈徵老师的策划下，由上海辞书出版社出版了《真理的味道非常甜》青少年绘本，图书一经上市便取得不错反响。但我愈发感到大众对陈望道的认知，主要还是停留在其翻译出版了《共产党宣言》首个中文全译本，即便是我自己，对其了解也还十分有限。

　　加入望道研究院以来，我常利用课余时间，研阅最新出版的《陈望道文存全编》，搜集相关档案和文献，重温邓明以著的《陈望道传》、周维强著的《太白之风：陈望道传》，我的脑海中浮现出一个更加立体而鲜活的陈望道老校长的形象，我也更深刻地感受到，陈望道老校长是一本令人掩卷覃思大书，是一汪高深莫测的深湖。也正是在这个时候，我萌生了为陈望道老校长作传的想法。尽管，陈望道老校长为人行事风格向来低调，曾对自己的学生陈光磊表示："个人不想在历史上留什么位置"。但是，我坚持认为，如此一个"大写的人"理应大书特书，让后世铭记。

2023年秋，在多方支持下，《走近陈望道》一书的编写工作正式启动。这本书的定位是陈望道老校长的生平传记，全书以时间为序、以事件为轴，在充分挖掘文献资料并吸收学界最新研究成果的基础上，选取了40个重要的人生片段，再现陈望道老校长的功勋业绩、人格风范和精神境界。经过历时数月的披星戴月，《走近陈望道》完成定稿，即将付梓。回顾这段创作经历，我无疑是最大的受益者。我对陈望道老校长的生平和思想有了全新的认识，更加走近了陈望道老校长。我由衷地希望每一位拿到这本书的朋友们都能走近陈望道老校长，感受他的风骨和襟怀。

衷心感谢焦扬理事长作为第一位读者为拙作拨冗作序。感谢陈望道老校长家属陈振新教授、朱良玉女士、陈晓帆先生长期以来的支持和鼓励。感谢陈志敏副校长、方明部长、李冉院长、朱鸿召常务副院长、周桂发书记、周晔书记、高仁副院长、霍四通副院长、钱益民主任、张国伟老师一直以来的关爱和指导。这些都成为我不揣浅陋开展研究和创作本书的动力之源。

感谢曾在我的求学道路和从教生涯中给予惠助的各位学界师长和同仁。张云教授、忻平教授、徐建刚主任、严爱云主任、高晓林教授、陈挥教授、邵雍教授、丁晓强教授、曹景文教授、徐光寿教授等学界前辈，以及韩洪泉老师、高明老师、唐荣堂老师、郑智鑫老师、曹典老师等学界同仁，时常以不同形式向诸位大咖请教，诸位热情相助、指点迷津，令我获益良多，深受启迪。

感谢罗英华老师、陈洁老师、孙冰心老师、沈安怡老师、范佳秋老师、黄子寒老师在研工部工作期间对我从事陈望道研究和宣传给予的关心支持，感谢马怡菲老师、陈剑华老师在行政事务和科研管理上给予的热情帮助，这些都让我时常念及，没齿难忘。

感谢著名连环画家罗希贤老师和董林祥老师为本书倾情创作40 余幅精彩插图，图文并茂，绘声绘色，令人赏心悦目。感谢罗一老师在版面设计、封面装帧上的精心巧思。这些都为本书增色不少。自项目启动以来，我同几位老师一同前往杭州、义乌等地采风，多次数小时深度交流，构思布局，打磨画稿，老师们精湛高超的技艺和精益求精的精神令我无比感动。

感谢郭雅静博士后的牵线搭桥，帮忙争取到中共义乌市委宣传部和复旦大学义乌研究院提供经费支持。雅静学姐是复旦大学新闻学博士，毕业后到义乌研究院从事博士后研究工作。每每有复旦"娘家人"造访义乌，她都是冲在最前面的"向导"。一次偶然的机会，我与她交流了出版本书的想法，古道热肠的她四处联络，最终让一个不成熟的念想变成了看得着的现实。

感谢陈正阳、张欣、熊思琪、温鑫、张泽群、管笑笑、蔡薛文、谷瑶玮诸位同学，牺牲寒假大好时光，参与前期文献史料搜集、部分章节初稿撰写、文字校对和注释核查等工作，展现出扎实的学术功底和高效的团队协作能力，为后续正式成稿打下了坚实基础，辑志协力为本书的出版加快了进度。

感谢文汇出版社周伯军社长、张衍副总编和责任编辑戴铮老师，承蒙不弃，为本书的出版付出辛勤劳动。我虽竭我所能，然困于心智、囿于学识，书中难免有疏漏和讹误，但在两位老师精心编校下把错误率降到了最低，在此一并谨致谢忱！当然，也真诚地欢迎专家同仁和读者朋友批评斧正，多对本书提宝贵意见。

最后，还要由衷感谢养育我三十余载的父母双亲，如果不是你们勤恳地在工作岗位上奋斗，全心全意为我提供一个舒适的成长环境，我自然是不可能取得今天的成绩。在书稿撰写的最后冲刺期，外婆因病痛折磨数月，永远地离开了我们，愿天堂再无病痛，外婆一路走好，愿您化作星辰永远陪伴护佑我们一家。

本书亦是2022年上海市社科规划年度课题青年课题《伟大建党精神的科学内涵与育人价值研究（2022EDS001）的阶段性成果，特此说明。

《走近陈望道》的撰写已接近尾声，但陈望道研究尚未结束。最后借由拙作的出版，谨向上述师友以及更多因篇幅所限未能提及的师长朋友致以最诚挚的敬意！

前路浩浩荡荡，一切皆可期待！

谈思嘉
甲辰春月
于望道研究院